JN055925

「介護力日本一」への町づくり

5年間の実証から
介護「2538」への提案

金子　進

まえがき

――５年間の実証・介護力日本一への町づくり!!――

これからの介護で一番の心配ごとは、戦後のベビーブームで生まれた団塊の世代の人たちが介護を受ける年齢になったとき、介護スタッフが大幅に不足してしまうことではないでしょうか？

今から5年後の２０２５年に、戦後に生まれた団塊の世代の人達が75歳になるのです。75歳は平均的に言えば、男性も女性も介護を受けている年齢になっています。

この人たちが介護を受けるようになった時、介護スタッフが38万人不足すると予想されています。

ざっくりとした計算ですが、介護老人福祉施設では、看護・介護人員基準は常勤換算で入所者３人につき１人以上となっています。スタッフ38万人の不足は１１４万人の人が介護を受けられないことになります。

介護を受けられない介護難民が１００万人以上になってしまうのです。これは大問題です。何とかせねばと、現状でもいろいろ手は打たれていますが、残念ながら抜本的な解決策となっておりません。

しかし介護保険料を強制的に徴収していますので、介護難民を出すわけにゆきません。２０２５年までに、介護スタッフ38万人不足の問題を何としても解決せねばならないのです。

２５と**３８**が頭から離れません。ここでは簡略のため、「**介護２５３８**」問題として記載いたします。

千葉県にある約人口7千人の某町はとても素敵な町ですが、高齢化が進んでいます。この町で5年前から〝介護力日本一の町づくり〟をスローガンに掲げ、介護スタッフを増やす運動に取り組んで参りました。

その5年間の実績が「**介護２５３８**」問題解決の糸口になると思い、〝介護スタッフ不足は解消できる〟として提案いたします。

併せて、介護を受けるようになると、暗いイメージ、辛いイメージなどなどばかりです。人生の最期です、明るく楽しい介護生活を、〝介活〟として みんなで明るく楽しい介護生活になるように、挑戦しようではありませんか？

「介護力日本一」への町づくり

目次

第3章　全国展開へのご提案　69

第4章　みんな（あなた）の意識改革！　79

「介護力日本一」への町づくり

5年間の実証から介護「2538」への提案

金子　進

第1章　現状のままではどうなってしまう?

1. 何故「介護2538」が大問題になってしまうのか？

２０２５年には月当りの介護保険料は、全国平均で２０１８年のおおよそ2倍の1万円になると予想されています。

わずかな年金の中から益々苦しい支払いとなります。それなのに、もし自分や家族が介護保険を使用する時期になり、〝介護を頼みたい〟と要請したときに、〝介護スタッフ不足で介護ができません〟と言われるか、あるいは十分な介護が受けられない事態になったら、国民の反応はどうでしょうか。

〝介護保険を支払っている意味がないから、介護保険料を年金から天引きのは止めてくれ〟、あるいは〝返却してくれ〟、との騒動が予想されます。介護保険制度存続の危機になるかもしれません。

現に、２０１９年時点ですでに、週5日ヘルパーの要請をしても介護スタッフが足りないので週3日にしてほしい、デイサービスへ通う日数を減らしてほしい、と言われているケースが発生しているのです。

深沢七郎さんの『楢山節考』で有名になった、年老いた母親を山に捨てる悲しい〈姥捨て山〉という伝説があります。食うや食わずの極貧生活なので、働けなくなった自分の母親をやむなく背負って、泣きながら山に捨てに行く。心の中でごめん、ごめんと謝りながら。母親は、それを承知して背負われて山に行く話です。

この話が真実か否かはわかっていないそうですが、それでもこの伝説が今でも残っています。〈姥捨て山〉という言葉は、「周囲から疎外されて老後を送るところ」の意味になっています。

「**介護２５３８**」問題は『楢山節考』の話とは比較できないほど大きな話です。

１００万人以上の人が介護を受けられない介護難民か、あるいは満足に介護を受けることができなくなるのですから、当然大きな問題となります。しかも、年金の中から国民皆保険として強制徴収しているので、これはおかしいと言われても、仕方がないでしょう。

日本は先進国でありながら、高齢者の面倒を見ることができない国として、世界中に未来永劫伝説ではなく、事実として残ってしまい、日本の大きな恥となってしまうことでしょう。現在の日本人が将来の日本人に対しての恥でもあります。

これは、数年前から、いや十数年前からわかっていた問題なのに、なぜ防げなかったのか、日本は豊かな国であった筈なのに、なぜこんな恥を作ってしまったのか？これほど、精神的に貧困な国にしてしまったのか？　と将来、言われることでしょう。

２０００年介護保険制度開始から、２０２５年は四半世紀、25年で介護保険料は約4倍になっているかもしれませんので、本来なら4倍にふさわしい介護をすべきではないでしょうか？

2. 介護を受けている期間はどのくらい？

元気な人は、介護を受ける期間があることは頭ではわかっているが、まだまだ自分にとっては先の話、どれくらいの期間があるかは、あまり考えていないようです。

人によっては、自分は介護を受ける期間などなく、平均寿命まで元気でいけそうな錯覚に陥る。生き物には全て死があることは分かっているので、自分の死は考えているが、介護を受ける期間は、あることは分かっていても、長くとは考えていない。そして自分はまだまだ元気なので、平均寿命以上に生きると思っている。

介護を受ける時期は、突然やってくるのです。男性の介護を受ける平均年齢は72歳～82歳、女性は74歳～87歳と言われています。男性は約10年間、女性は約13年間介護を受けるのです。

永いです。年を取ると1年が短くなると言いますが、介護を受ける期間は本人にとっても、ご家族にとっても、とても永く感じます。学校に通学している期間でたとえれば、男性は小学校1年から高校1年まで、女性は高校3年までに相当するわけです。

子供なら学校で学んだり、運動したり、遊んだり、とやることがたくさんあります。楽しいことや成長する喜びなどもあります。体も絶好調な人が多いので、有意義な生活を過ごすことができます。

介護を受ける期間では、年々動けなくなり、あちらこちらに痛みがさらに出る、などどんどんつらくなってゆきます。介護を受ける状態でのこの期間は、本当に永いことでしょう。満足な介護が受けられなかったら、きっとなおさら永くつらく感じることでしょう。

3. 海外からの介護スタッフ応援の話はどうなっているの？

例えば、一つの都道府県でみてみますと、……

平成30年12月にある県の知事が、〝介護スタッフに来てください〟との要請に、ベトナムへ行かれたとのテレビ報道がありました。

それで集まれば、問題なくハッピーに治まるのですが、別の報道では、介護人材は韓国でも、ドイツでも同じように不足している、と報じています。韓国でもドイツでも、ベトナムに要請に行っていますので、日本に来てもらうのは、以下の理由でなかなか難しいようです。

韓国は、ベトナムに対して介護スタッフとして来てもらうために国が主体になって、かつ日本より高い給料で、しかも渡航などの諸経費も持つなどの良い処遇で、対策が行われているとのことです。ドイツでは、閣僚が訪問し、派遣要請をしています。ベトナムの若者には、処遇の良い韓国の人気が高いとのことでした。

ベトナムの若者にとって、日本を選んでもらう魅力としては何があるでしょうか？

仮に日本を選んでくれても、介護の仕事を選んでくれるでしょうか？　そしてこの県を選んでくれるでしょうか？

そう考えると何か、来ていただける確率はどうなのか、心配になってしまいます。来ていただいて介護職になっても、海外の人は、介護になじめず長続きしない話もよく耳にしますので、それも悩みの種になります。

もともと外国人で何とかできないかと考えるのは、ちょっと日本人の身勝手ではとも考えてしまいますが、如何でしょう。

自分たちを育ててくれた両親や祖父母を、自分たち日本人では面倒が見ることができないから、外国の人にやってもらうこと、ですよね。

もちろん、日本の介護技術を勉強したい、そしてそれを自分たちの国に取り入れたい、ということであれば、それは技術の習得ですから良いことだと思うのです。また仕事がないから、不足している介護スタッフの仕事で稼ぎたい、というのであればそれもわかります。あるいは一般企業のように、生産が間に合わないから応援に来てほしいというのであればわかります。

〝介護スタッフがいないから来てください〟は、どうも私にはちょっと違和感を持ってしまいます。それに情けないなあと思ってしまいます。そう思うのは私だけでしょうか？

２０１７年11月10日のＮＨＫニュースウオッチで取り上げていましたので、その内容をご紹介しますと、そのタイトルは、《２０２５年には介護士が38万人不足する介護現場で外国人は切り札？》とありました。

——東京豊島区にある福祉の専門学校では、留学生が急激に増え２割になっている。平成25年からの３年間で30倍（それでも５００人ほど）になっている。日本人学生は、日本全国で平成25年には受講生が約１３、０００人であったが、平成27年には、５、０００人強までに減少している。

２０１７年９月施行では、介護福祉士資格取得し就職先が決まっていれば「在留資格」が認められる。

ある施設では、人手不足解消のため外国人を積極的に採用し、１割の16人。しかし問題は、何か起こったときに、的確な言葉で看護師に伝えられないので、日本人の協力が欠かせないようです。昨年度40人採用計画するも、新卒日本人は17人であったので、外国人は欠かせない存在としている。近い将来日本の人だけではなく外国人とともに働くのが主流になってくる。――としています。

しかし30倍になったと言っても、500人でなおこうした問題を抱えているのです。今（2018年）からですと、7年先に38万人不足するとなると、外国人で何とかできないかと考えるのはあまりにも無理のようです。また、

――外国人「技能実習生」の受け入れが可能になったが、課題は、①日本語・スキルが乏しく、受け入れ側の手厚いサポートが必要　②在留期間が最長5年なので、スキルを身に付けてもじきに帰国してしまう。――

とありました。

外国人を期待しても、「砂漠に一滴の水」に等しく、効果があまり期待できない結果になってしまう恐れ大です。

逆に、外国人で不足対策をしたいと考えるのは、かえって事態を悪化させてしまうことにもなります。「あ、介護、外国人がやってくれるから」との考え、これでは対

策にならない可能性が大であるからです。

ちなみに、公益財団法人介護労働安定センターの平成29年度統計では、介護の仕事をしている外国人労働者について、「いない」は91・4％、「いる」は5.4％であった。「いる」5.4％のうち、外国人労働者を受け入れた経緯は、「日系人」が17・5％で最も高く、次いで「留学生、就学生」、「ＥＰＡによる受け入れ」の順であった。外国人がいる事業所のうち、「その他」58・4％には、日本人の配偶者が含まれている可能性が高い、となっておりました。

この数値からも対策として難しい状況です。

4. ロボット導入の話は？

各産業でＡＩ化が進み、ロボットも益々多く導入されてきています。介護は肉体的にも大変、腰痛で介護できない、介護したくても体力的にできない。そうした声に、電動ベッドや電動シニアカー……など電動化が進んでいます。また腰負担軽減の装置なども出てきています。

介護分野へのロボット導入が話題に上がってから久しくなっています。

しかし、多くの施設を回って状況を見ていますが、導入して効果が出ている、あるいはロボット入れて助かっている、との話を聞いたことがありません。

ロボットは正しく入力しないと動きません。工場での流れ作業で生産する製品であれば、ロボットは有効でしょうが、介護の場合は、同じ症状で介護を受けるようになった方が一ヵ所に集められているわけではなく、皆さん、状態が異なっています、一ヵ所に集めることはできません。

同じ状態の方が待機しているのなら、効果が得られるでしょうが、病気の進行状態や、かかった病気がみんな異なり、それも、日々とは言えませんが進行します。
また自分でこうしてほしいと言えない方が多いのです。要介護者一人のためでしたら、ロボットを持ってくる間に、あるいはロボットを人が操作している間に、人手で介護が済んでしまいます。

導入を否定するつもりはありませんが、２０２５年対策の有効な手段として、ロボットを活用して介護スタッフ不足に当てるのは、とても間に合わない対策でしょう。関係者の方々は皆そう思っているのではないでしょうか？

それなのになぜ、ロボットの話を出すのでしょうか？　話に出すのなら、ロボットは「**介護２５３８**」までには、これこれの理由で間に合いません、と言うべきではないでしょうか？

5. 施設を作ればよいのでは？

施設では介護スタッフが不足すれば、入居者制限をしなければなりません。2015年時点で、すでに介護スタッフ不足があちこちで出始めています。

2015年の11月のNHKニュースで、岩手・宮城では介護スタッフが不足しているため、特別養護老人ホームには待機者がたくさんいるのに、入所者を30％減らさねばならない、と報道されていました。

それは、介護老人福祉施設では、看護・介護人員基準は常勤換算で入所者3人につき1人以上となっていますから、スタッフが少なければ、入所者を減らさねばならないのです。

こうした状況は岩手・宮城ばかりの問題ではありません、おそらく、いや間違いなく全国共通の問題でしょう。介護施設を作ればよい、という問題ではないのです。

2025年に向けて益々大きくなって続いてしまうことになるでしょう。

看護・介護人員基準を緩くすれば、入所者さんの多少の増員はできますが、今度はそこで働くスタッフが悲鳴を上げてしまいます。

それでなくても現状、手が回らず、思うような介護ができず、こんなことでいいのだろうか、と心を痛めているスタッフが多いことでしょうから、そのようにしたならば、介護スタッフがストライキ状態になってしまうか、転職してしまうことでしょう。

施設があるのに、空いているのに、入所者に空きができることは、施設経営にとっても存続に影響する問題になってしまいます。やむなく、介護資格を持っていない無資格者を多くスタッフとして採用してしまうと、結果として新聞で報道されるような大きな問題を起してしまう可能性があります。

入所者さんのご家族も、自宅では面倒が見ることができない、いったいどうしたらよいのかと困惑してしまいます。

6.　私の介護は誰がしてくれるの？

今、我々がしていることは介護保険料を支払っているだけなのです。介護保険料は介護にかかる資金の確保です。介護スタッフを作り出す保険ではありません。

公益財団法人介護労働安定センターの平成29年度統計の職種別で見ても、「訪問介護員」の不足感は82・4％（平成28年度80・2％）と最も高く、次いで「介護職員」の不足感が66・9％（平成28年度63・3％）とありました。

もうあと5年後の2025年では、38万人介護スタッフが不足するのですから、〝誰が私の介護してくれるのでしょう？〟と迷う人が、100万人以上になります。問題がたくさん出てきそうです。

この質問にどうお考えですか？　何か良い名案はありますか？　と問われれば、残念ながら現状の解決策はないのです。

現状の対策では、益々誰からも介護を受けられない人が増えてしまうことでしょう。

7. 誰が被害者になってしまうの？

介護スタッフの不足の時代が来たら、このままでは介護を受けられない人が出てきますが、その受けられない人は誰でしょうか？　その被害者になるのはいつも弱者です。弱者といっても生活保護の人は、憲法上保障されています。

一般住民は、介護保険を支払っていたのに受けられない人になってしまう、そういうケースが増えると思います。なぜ一般住民なのでしょうか？

介護保険は強制保険ですので、何としても支払わねばならない。基本的には手元にお金がなくても年金から差し引かれる。

自分や家族が介護を受けるようになった時、介護を受けるには、基本的には少なくても介護費用の１割負担がかかります。その１割負担が支払えないので、デイサービスへの通所にも行けない、リハビリパンツやおむつ代が支払えない、ヘルパーを呼びたくてもその費用が出せないのです。

仮にヘルパーさんに、週4日来てもらいたくても、スタッフがいないので、2日にして下さいとなってしまうのです。そうなると、在宅で不衛生な状態でも、あるいは食事の世話もできない状態でも、介護されずに放置され、栄養不良や脱水症状、そして病気への感染などを起こしてしまうのです。

家族はなぜ面倒を見ることができないのか、と思うのでしょうが、そうした場合往々にして、家族は早朝から夜遅くまで仕事に出ており、へとへと、クタクタの状態で帰宅し、面倒を見たくても、時間的精神的肉体的にその余裕がないケースが多いのです。それが、無視しているように見られ、虐待していると考えられてしまうケースになってしまうのです。

亡くなった後で申し訳ないことをしたと悔やむかもしれませんが、結局は介護保険を使用するお金がないために、ろくに使えず、亡くなってしまうのです。これは現時点でもすでにあるケースです。こうしたケースが、介護スタッフ不足になると、残念ながらもっともっと増えることでしょう。

「サ高住」と呼ばれるサービス付き高齢者向け住宅、などの施設の中には、生活保護の人の介護度を高めて、その介護度で認められるギリギリの額迄使用するケースもないとは言えないのです。ほぼ毎日デイサービスに通所させる、毎日３回はヘルパーが入るケースもあります。

そうなると、多くの「サ高住」では、一般市民でお金に余裕のない人を入居させるより、生活保護の方を入れた方が経営が成り立つとも言われております。

生活保護を受けている人に、もし何かあったら、〈介護保険主〉から、介護保険の費用を出しているのに使わないで、面倒見ていないと訴えられますので、預けられた施設としては与えられた介護保険額を精一杯使うことになる、とも言えます。

２０２５年以降の時代には、もっとそうした傾向が進むでしょう。結局は、裕福な人は高級な有料老人ホームで不足のない介護スタッフの中で、生活保護の方は、前述のような状態の中で、生活できるのです。

限られた介護スタッフですと、そのしわ寄せは、介護保険を何とか支払っている一般市民がその犠牲者になってしまいます。

8. 昔は葬式代、今は葬式代＋介護費用を残しておく

子供達は、好き勝手に生きた親でも、親を放っておけないのです。子供に面倒をかけないといっても、現実はそうはゆかない。場合によっては親を引き取り、面倒を見ることになる。

年金を調べてみたら、少ない、多少ある預金では1年ももたない。これでは介護費用が早晩行き詰ることになる。

昔は、「葬式代は残しておく」と言う言葉がありましたが、今は、「葬式代＋介護費用」の用意が必要です。その費用は少なくても月々10万円としても、10年間でしたら、1,200万円になります。その費用がないと、子供に負担がかかることになります。

一人っ子でしたら、その費用を全部負担しなければなりません。だが、家や車のローンそして子育て費用で精いっぱいで、金銭的にも時間的にも全く余裕がない人が結構いらっしゃいます。

だからと言って自分たちの親なので子供は面倒を見ないわけにゆかない。

親が早い段階から介護を受けるようになったら、それでなくとも、子供は自分たちの生活がギリギリで何とかやっているのに、どうしたらよいのかと考えこんでしまうことになります。

もし、一人っ子同士で結婚したら、4人の親がいることになり、4人の親の介護の面倒見ることになる。介護費用のほかに介護の面倒を看る期間が問題です。

4人の親のうち、一人が早くから介護を受けるようになったら、そして一人の親が長寿であったら、自分たち夫婦は今後何十年間にも亘って4人の両親の面倒を見ることになる。

経済的にも精神的にも、親の面倒を見るために、人生の後半を過ごすことになるのです。平均寿命がどんどん延びて、90歳、100歳まで長生きしたら、子供たちは70歳過ぎても親の面倒を見ることになります。

まさに自分たちの生活を犠牲にしての介護をすることになるのです。介護保険で何とかなると思ったら、そうはならないことになります。

男性は、10年間、女性は、12年間ですから、親が4人となると、父親が、10年間で1、200万円×2名、母親が12年間×2名で、合計5、200万円の費用がかかります。月20万円としたら、1億円強になるのです。

息子は一生懸命仕事し、妻はバイトに出る。それでも子供の教育にも費用が掛かるので、大変なことです。場合によっては、親を施設に入れる費用がないから、自宅で面倒を見るとなると、バイトにも出ることができなくなってしまう。それでは生活が成り立たないので、親をデイサービスに預け、その間にパートの仕事をする。体はもうへとへとで、心はイライラでピリピリの生活になってしまいます。

更に介護度が進むと、自宅では無理になり、もう限界なので施設で面倒を見てもらいたいが、施設になかなか入れない。施設への順番待ちのために、もっと費用の掛かる有料老人ホームなどに入れざるを得ないのです。これは大変なことです。

理想は、子供には頼らないといっても、現実はそうはいかないケースが多いのです。こうなると、子供たちが犠牲者になる、自分たちの生活を楽しむ余裕などは全くなくなってしまうのです。

遺骨の始末に困り、電車の中に故意に、置き忘れにするケースも増えていると聞きました。これも犠牲者の一つの苦肉の行為ではないでしょうか?

9. 高齢者への虐待が多発するのでは！

高齢者虐待の増加に伴い、「高齢者虐待防止・擁護者支援法（高齢者虐待の防止、高齢者の養護者に対する支援等に関する法律）」が施行されました。この法律には、市町村に通報義務があることが定められました。しかし、まだ多くの人に知られるにはいたっていません。

こんなタイトルのパンフレットが千葉県から出されています。千葉県ばかりか全国で出されていると思います。表書きには次のようなことが書かれています。

――虐待を見つけた場合には、早めに通報することが事態を深刻化するのを防ぎます。また社会サービスや地域のネットワークを上手に活用して、養護者に負担がかかりすぎないようにすることも大切です。――

そのパンフレットの次ページには、

――虐待問題の難しいところは、養護者自身が介護により心身ともに疲れ切って、追いつめられていることが少なくないことです。高齢者の虐待を防ぐためには、第三者が介入することで虐待がエスカレートするのを防ぐこと、社会サービスの利用などで介護などの負担を軽減する方法を取ることなどが需要です。――と書かれています。

虐待には身体的虐待・心理的虐待・性的虐待・経済的虐待・そして放棄放任の5つの種類があります。言うことを聞かないので手でたたいたり、ののしる、教え込むためにくどくど言ったり叱る、出てゆかないように部屋に閉じ込める、排泄に失敗したからと、着替えの折、人前で裸にさせる、年金を使ってしまう、などの行為が虐待に該当してしまいます。

養護者にとっては、「だって、………だもん」と言いたくなることも虐待になってしまうのです。経済的に苦しいから、病院に連れてゆかない、枕元に古くなった水の入ったボトルを、片付ける時間がなくてそのまま並べて置いておく、調理のため冷蔵庫に入れて置いた肉や魚を、生のまま食べてしまった、それ等に気が付かなかった。

決して知らん顔しているのではなかったケースや、笑いものにしているつもりはないのに結果として笑いものになってしまった、などのケースはたくさんあり、上げたらきりがありません。

こうしたケースは養護者に虐待の自覚がないことが多いのです。

今後スタッフ不足が更に進むと、介護施設が、介護の研修を受けていない無資格者をもっと多く雇わざるを得なくなり、あるいは介護の仕事には向かない人も雇ってしまうケースも、更に増えてきてしまうことでしょう。

結果として、残念ながら高齢者への虐待が施設でも在宅でも、増加し多発してしまうことでしょう。

10. 安心して老後を過ごせる時代は来るの？

みんな、いざ介護を受けるようになると、家族はその費用の大変さにびっくりし、さてどうしようと頭が痛くなる。でも何とかしなければと考え、親の貯金を崩し年金を当てる、それでも済まされない、そんな人が多いのです。

施設への入所や有料老人ホームに入居する、となると、もっと大変になる。

仮にお金があっても、病院に連れて行ったり、介護用品を買いに行ったり、と面倒を見ることがたくさんある。

ああ、親がもう少し健康に注意してくれていたら、と思うし、親も、こんなに迷惑をかけるなら早く死にたい、と暗くなってしまう。

夫婦2人の生活で、どちらが倒れても心配であるが、やがては共倒れになることも当然考えられます。介護を受けたくてもお金が足りない、デイサービスに行く回数も減らし、食事にかかる費用も節約する。生活保護は受けたくないからと、苦しい生活で我慢している。こどもたちに迷惑をかけたくないから、と我慢する人もいらっしゃる。

逆に、そう考えすぎて、健康なうちから老後のために、介護を受けるようになってからのために、と節約し貯金に回している。これでは足りない、少しでも増やそうと思って、だまされる人も出てくる。

安心して介護が受けられる時代が来れば、こうした我慢、我慢の暗い生活から解放されるはずである。

11. 介護費用が2025年には21兆円に！

ちょっと前の話題となりますが、２０１７年12月13日のＮＨＫのニュースウオッチが、……

２０２５年には団塊の世代が75歳以上になるため、現在でも財政赤字なのに介護費用が２０１７年の10兆８千億円に対して２倍以上の約21兆円になる。その費用を抑制するため、機能訓練にウエイトを置き元気な人を増やし介護の度合いを減らすことにより、介護サービス費用を減額するとしている。

これには不安の声がある。例えばデイサービスの目的は、①社会的孤立感の解消②心身機能維持　③家族の負担軽減である。

機能訓練だけを重視すると、機能訓練のできない小規模の施設は赤字になって経営が行き詰まり、介護難民が出るかもしれません。家族の負担軽減の面からも本末転倒となる。また、日本福祉大学の藤森教授は、デイサービスは高齢者の為だけではなく、要介護者の親を抱える現役世代にとってのものでもあると言われている。受け皿が失われることを避けねばならないので、多くの人の意見を入れて見直す必要がある

と締めくくっている。

このＮＨＫの報道から推測すると、介護費用が倍になるということは、介護保険費用も当然倍になると考えますので、介護保険費用平均が、１万円を超えてしまうことになってしまいます。さらに、多くの人の意見を入れて見直すことが必要、とあることは、逆に言えば、結論がなかなか出ないことになってしまう恐れがある。

そして結局は、結論がでないまま、２０２５年を迎え、介護保険料は1万円になって、年金などから天引きされることになる。年金者でなくても、月々の5千円アップは大変なことです。

12. それでは介護保険制度が破綻してしまうのでは？

「**介護２５３８**」が解決できないで、介護を受けられない状態になったら、介護保険制度は破綻してしまう可能性は大です。

そんな馬鹿な？　脅かさないでください、介護保険は任意で支払っているのではなく、国民への強制保険ですから、苦しい家計なのに、持って行かれるのですから、そんな馬鹿なことは起こらない筈です、と多くの人は信じています。

本当にそうでしょうか？　もし起こったら、どうでしょう。

「**介護２５３８**」が解決できないと、その怒りはどこに向かうのでしょう。〈介護保険主〉である〈市区町村〉でしょう。

国がこの制度を作り、国や県の指示のもとに、各市区町村が保険主として運営するシステムになっています。怒りの矛先だけは、国や県ではなく、市区町村になってしまうのです。矢面に立たされるのは、市区町村です。結局は国や県から、市区町村の運営が悪かった、もっと不満が出ないように改善すべき、との指示が出ることでしょう。

そんなことが起らないように、市区町村は自分たちを守るためにも、懸命に対策を立てねばならないのです。絶対にそうした事態を起してはならないからです。財源はあるけれど、介護スタッフがいないので、希望する介護を受けることができない事態になってしまうことでしょう。

もしそんなことが起こったら、介護保険料を支払いたくないという人が増えたら、当然介護保険制度が破綻してしまいます。

この事態は、大正時代に富山で起こり全国に波及した米騒動の比ではないでしょう。間際になれば急ごしらえの介護が受けられるかもしれません。でもそれでは高騰している介護保険料を支払っているだけに、〝これが介護かよ〟とこれまた不満になることでしょう。

第2章

5年間の実証、介護力日本一への町づくり

――介護スタッフ不足は解消できる――

1.　介護スタッフは工場では作れない！

「**介護2538**」問題は、資金力ではなく介護する人に関する問題です。しかも介護スタッフの必要性は終日の24時間対応が要請される問題なのです。

介護を求めている方は、認知症などで思うように自分の気持ちや、やってほしいことを伝えられない方たちが多いので、ロボットなどの代替えもかなり限定されます。

季節労働でしたら、あるいは一定地域で起こる問題でしたら、他の地域から応援に来てやりくりが考えられますが、ほぼ日本中で同時発生的に起こり、しかも24時間年中無休で起こりますので、それができないのです。また工場で生産できるものなら、工場を作って増産できるでしょうが、それもできません。

こうした状況の問題を解決するのは難題です。介護はきつい仕事、厳しい仕事、汚い仕事、しかも賃金は安く休日も思うように取れない、年中無休の仕事と言われていますので人が集まりません。

仮に介護職の仕事についても、〝介護保険を支払っているのだからやってもらうのが当然〟という風潮がまだまだ残っています。こんな雰囲気の中ではとてもやっていられないと辞めてしまう人も少なくありません。

前述のように、海外労働力に多くは期待できません。いかにして介護スタッフを養成するかにかかっています。

2.　介護スタッフ38万人以上の不足は日本全体の話

いろいろな報道で十分ご承知のごとく、２０２５年には介護スタッフが、２４９万人必要なところ77万人不足する、とＮＨＫで放送されたことがあります。２０１７年の報道では38万人の不足とも報道されております。

これではちょっと数値に開きがありますので、２０１８年の発表では、千葉県は2万5千人不足とありましたので、この数値から日本全体で介護スタッフが何人不足かを推定して見ます。

ネットで調べますと、千葉県人口の将来推計では、２０２５年の高・中・低３段階の予想のうち、中位予想では６２１万７千人です。その中位予想での65歳以上は、１８５万7千人です。65歳以上の高齢者の人口に占める割合は29・９％です。

２０２５年の日本の将来人口は、１億１、２５４万４千人で、65歳以上は、３、６７７万４千人、高齢者の割合は32・６％です。

この関係から換算いたしますと、２０２５年には介護職員が、千葉県で2万5千人不足と推定されておりますから、人口比で比べて見ますと、日本全体で45万2千人不足、65歳比率では、49万5千人の不足となります。

実態はもっと多いでしょうが、ここでは一番少ない２０１７年報道の38万人ベースで考えて見ます。

3. 人口1万人ベースではたったの34人の不足です！

38万人としても、日本全体の話です。2025年の日本の人口を1億1千254万人の推計です。このスタッフ不足の数値を、人口1万人単位で考えますと、38万人不足の場合は34人、45万人不足の場合でもたったの40人の不足なのです。

人口1万人単位で考える理由は、介護するのは毎日の仕事ですから、遠くからスタッフを呼ぶことは無理です。したがって日本全体でその数値が達成されても、地域格差があっては真の意味で解決したことにならないからです。もちろん遠くから連れてくることはできるでしょうが、交通費など考えますと現実的ではありません。

地域によって不足のアンバランスが出ないように、1万人単位で考えた方が現実的だからです。それ以上に地域を広くすると同じ市区町村であっても、介護に通えないところが出てきてしまいます。

30分程度で通える範囲を仮に人口1万人単位で考えて、人口1万人当たり40名の介護スタッフを増やせばよいことになります。今から5年かけて40名増やせばよいのです。仮に介護の資格を取っても介護職につかない人もいますので、何らかの形で介護に参加できる人を資格取得者の半分とすると、80名増やせばよいことになります。

今からですと、準備期間を考えてそれをマイナスしても、２０２５年まで４年以上あります。４年と考えても、介護スタッフを年20名増やせば80名になります。

人口1万人当たり・年当たり20名の介護資格取得者を増やすことでこの大問題が解消できるのです。

4.　5年間で介護力日本一の町へ！

実施いたしました町は、千葉県の房総半島のほぼ真ん中にあり、隣接には３つの市があり、山に囲まれたとても落ち着いた緑豊かな心和む町です。そして大規模な山崩れや津波など、災害が起こりにくいロケーションにある町です。

電車の駅がないので、交通のアクセスにはちょっと難点がありますが、将来暮らしたい町と思います。しかし残念ながら人口は、2015年約7、300人、2025年には約6、200名と予想されています。人口の減少は、2015年に比して2025年には1、100人と15％の減少予想です。

65歳以上の人口、いわゆる高齢化率は、2015年で約37％、2025年には49・7％と予想されております。言い換えれば、2015年ですでに人口の約3人に一人が、そして2025年には約2人に1人が、65歳以上となってしまいます。

この町は千葉県の中で、介護問題がいち早く起ると予想される町の一つですので、特に介護スタッフ対策が早期に必要になる町でもあります。

この町の人口は現在約7、000人です。人口1万人当たり34人ですから、人口が、7、000人ですと、約24人介護スタッフを増やせばよいことになります。

平成26年度〝**介護力日本一の町作り！**〟をスローガンに、この町の公民館で介護職員初任者研修講座を開設しました。この講座を修了すると、以前に行われていた〈ヘルパー2級〉の資格に相当する〈介護職員〉の資格が得られますから、介護職員としての資格なので〈介護力〉としました。

実証結果として、平成26年度〜平成30年度5年間に、この町の町民が52名介護資格を取得されました。（令和元年には17名が資格を取りました）データは取っておりませんが、多分、介護力日本一になったはずです。

日本の人口ベースで換算しますと、83・6万人に相当する介護職を増やしたことになります。目的の38万人に対しては２２０％達成です。しかも高齢化率高い中での52名の介護資格取得です。

はじめはすぐにでも達成できる簡単な数値に見えたのですが、いざ実施してみると、なかなか思うようにゆきませんでした。

この町で開設しましたのは、早期に高齢社会になる町であるとともに、地域密着型の小規模な講座にしたかったたからです。

幸い講座を行う講義場所として公民館をお借りして行うことができたのも、講座を実施できた大きな要因です。しかも安価な費用で借用できたのです。

他の市区町村では、いくら趣旨をご説明しても、朝から夕方まで丸々一日、しかも毎週1日の使用することは、他の団体とのバランス上から無理、として受け入れてもらえませんでした。

ところがこの町では、趣旨をご理解いただき、例えば2つの講座を木曜日と土曜日に開設した場合、それぞれの曜日で月4回、朝の9時から夕方の5時近くまで一日フルに利用でき、安価な費用でさせてもらえたのです。もちろんこの講座にはこの町の方々ばかりでなく、近隣の市町村の方も参加できます。

こうした講座をこの町で開設するのは初めてではなく、以前にも他の団体が介護の講座を公民館ではなく、別の場所で実施したようですが、受講者が集まらず閉講したと聞いております。そうした経緯があるのか、受講料をこの周辺の地域では一番安い受講料にしましたが、受講生の多くは近隣の市区町村の人でこの町の町民からの受講者はほとんどおりませんでした。

はっきりした理由は分かりませんが、こうした資格取得は若い人が受けるもので、高齢者は介護をしてもらう方だ、との考えが強かったのでしょう。また3世代同居が多く、介護への関心はあまりなく、講座自体も〝長続きはしないだろう〟と思われていたのかもしれません。

どこでもそうですが、介護への意識がいろいろな面で他人事と思われていたのかもしれません。

5.　3年たっても町民の受講生はほとんどいなかった

講座開始3年後でも、受講生はこの町の住民以外の人がほとんどでした。それに受講生も減ってきました。〈介護力日本一への町作り〉は難しいのかな？　断念せざるを得ないのかな？　と繰り返し思うようになってきました。

東北の震災の復興事業やオリンピック関連事業で人手不足が進み、講座受講者の人数も減少してきて、県内のほかの事業者の中には講座中止が多くなってきました。オリンピックが終われば、介護問題が大きくなってくるのに、残念だが、この講座も来年は中止せざるを得ない、とも考えてしまうようになりました。

目標はたったの50名です。それが受講してもらえない。受講料が高いわけではない、千葉県ではもっとも安い受講料、しかも遠くまで通わなくて済む、それなのになぜだろう。一つの講座の定員は12名ですが、それすらなかなか集まらないのです。

何故だろう、何故だろう、ヘルパー2級から介護職員初任者資格になって、試験が条件になってきたためか？　介護職員になるには年齢が高すぎると考えるためだろうか？　そもそも介護職員になろうと思わないからだろうか？　介護保険料を支払っているから自分はやってもらう身だ、と考えているためだろうか？　など要因をいろいろ考えました。

6.　平成30年度だけで20名が資格取得

平成26年～平成29年度の４年間で、資格取得者は30名程度でした。４年間で30名は、1年あたり7名程度でした。ところが、平成30年度に20名強の人が資格を取って頂いたのです。その結果5年間で52名という数値になったのです。

節目の5年目で受講生のほとんどが、この町の町民になりました。いかに介護の資格を取ってもらうことが簡単ではない、と痛感していただけに思わぬ展開でした。

特に昨今人手不足が進む中で、２つのコースとも、この町の受講生でほぼ定員を確保できました。スーパーやコンビニのパートの方がいいとして、受講希望者が極端に減っていましたので、びっくりしました。

その大きな要因は、①町役場と社会福祉協議会の予算の確保と方針転換②女性町議会議員さんの町民への働きかけ③公民館のご協力④町民特に高齢者の介護への意識改革が大きかったと思います。

7. 社会福祉協議会からの助成金への町民の反応

平成26年度は、講座の受講料は７万円でした。この受講料でも平成26年の頃では世間ベースと比較すると、安かったことと、就職難でもあったので、受講者は結構集まり、講座の定員である12名をほぼ確保できたのです。しかし残念ながら近隣の市区町村の方がほとんどでした。

次第に世の中が就職難から求人難の傾向に変わってきましたので、募集人員を確保することが難しくなってきました。介護の講座を受講する人が少なくなり、１つの講座当たり6名を確保するのが精いっぱいの状態になりました。

平成29年に、この町の社会福祉協議会から、町のボランティアに協力することを前提に、受講料の7割を負担して頂けることになりました。しかし、この制度への町民の反応はほとんどなく、知らないで講座に応募した人が、後から知って利用する人が2名いました。そのほかの人は利用しなかったのです。条件付きで後々縛られるのは嫌だ、との意識が働いたのでしょうか？

ボランティアは自主性の上に出来上がるもの、一方助成金は、町の税金の一部なので批判が出ないように縛りを設けたい、この相反するものを結びつけることに、疑問が持たれたのかもしれません。

このリスクは我々が持つことにしたい、ボランティアに気の進まない人の費用は、我々が負担しても良い、と考え、この考え方は今でもあります。

要は、介護保険制度を維持する方策のためには、多少乱暴でも、なりふり構わずでも、対策を立て、実施することできるか否かが問われるのではないでしょうか

8. 町からの助成金以外は講座費用一切無料へ

我々ＮＰＯ法人〈介護資格取得推進会〉として、この制度を有効に安心して利用して頂くために、そのリスク負担は我々が持つことにしました。

受講料は、町民以外の人からは５万円頂きますが、この町の町民の人からは公民館の無料使用他を考慮し、社会福祉協議会からの助成金のみとしました。これは厳しい料金です。そして受講料は後払い方式としました。教科書は他の地域の人を含め全員に無料貸与とすることにしました。

これにより、介護の講座を無料で受講することができる。

それでも受講生にとってはまだ心配があります。途中で辞めた場合はどうなるのか？　都合の悪い日が出て来て欠席した場合、その補講費用は？　試験に合格しなかった場合の追試費用は？　などなどのご心配でした。

そこで、途中でリタイヤしても、試験に合格しなくても、そのリスクはＮＰＯ法人〈介護資格取得推進会〉が持つことにしました。お弁当持参すればそれ以外の費用はかからない。都合の悪い日は、別の講座で受講ができ、試験に落ちても何回でも無料で再試験が受けられる、ともしました。

そしてさらに嫌になったら、続けられなくなったら、いつでも辞めていただいて結構です、としました。これらを、講座の初日のオリエンテーション時に改めて公言することにしました。受ける決心をされたのに、辞めたくなるのは主催者側に問題があるから、と割り切ることにしました。

9. 町のいろいろな集会での参加呼びかけ

町民としては、これはちょっと話がうますぎる、そんなうまい話には何かある、とまだ踏み込んでいただけませんでした。高齢者は介護を受ける方だとの考え方と、過去の経験からよそものに対する警戒心も当然ありますから、踏み切れないのでしょう。

とにかくこうした条件を、町役場や社会福祉協議会の関係者方から、〝諸々の集会に参加して、ご説明しては如何でしょう〟とのお話を頂き、各種集会で少々お時間を頂き、「**介護2538**」についてご説明いたしました。

その結果、ポツリポツリと参加申し込みが出てきましたが、私の説明が適切でなかったのか、思ったほどの効果はなかなか出ませんでした。やはりこうした条件でも、もう一歩踏み出せないのでしょう。

10. 女性町議会議員Mさんが受講生集めに奔走

町民は、これは話がうますぎる？　何かトリックがあるのでは？　あるいは、自分には今から勉強なんて無理、5ヵ月間週一日とはいえ6時間の受講はとても無理、などと多くの人が考えてしまうのも当然です。

それでは、せっかくの企画もつぶれてしまいます。町役場や社会福祉協議会の方針転換もさることながら、こうしたなか人集めにご尽力してくれたのが、女性町議会議員のMさんでした。

この企画をMさんにご説明すると、この受講の必要性にご賛同頂き、人集めに奔走して頂き、平成30年度は受講生21名の８割を集めて頂いたのです。

公報などで募集しても思うようにいかなかったのですが、いろいろな会合でお話しされ、懸命に集めて頂いたのです。Ｍ議員さんが言うのなら、やってみようか？　となったのでしょう。短期間に人を集めるにはこうした人の力が必要と痛感しました。

しかも、男性の人にも是非、との私からの意向も汲んで頂き、この町からの男性の方の受講者が、今まで20代の人一人だったのですが、４名集めて頂き、介護資格を取得されました。今後の男性参加への起爆剤ができました。

介護を必要とされる方は高齢率が高いので、高齢者の方を多く集めて頂きたい、との要請をも受け入れていただき高齢者の方をたくさん集めて頂きました。

11. 受講生の平均年齢は68歳

平成30年度の受講生の平均年齢が68歳です。

高齢者が多かっただけに、本当に最後まで受講できるか、試験に合格できるだろうか？　ちょっと綱渡りの心境にもなりました。しかし、多くの高齢者の方が受講への不安を感じながらも、受講に踏み切って頂いたことは、ありがたいことです、綱渡りなどと考えてはいけないですね。

老々介護が多くなる時代ですから、高齢の方により多く受講して頂くことはなによりも喜ぶべきことですよね。みんなで一歩前に踏み出さねばならない。こちらも、受講して頂く方を、よく参加いただきました、と感謝の気持ちで、より講義に工夫をきたさなければ、と意を新たにしました。

この町の人口推計では、２０２５年には65歳以上の人の割合が、49・5％ですから、若者に介護を期待するのは益々難しくなってゆくことは明らかです。みんなが路頭に迷わないために、高齢者がお互い助け合うしか方法はない、との思いが増えたのかもしれません。

人に関する問題ですから、ほかに助けを求めることはできないと腹をくくるしかない。言い換えれば、今までの方法では、介護してもらうことが期待できない時代が、すぐそこに来ていると思われたのでしょう。自分たちの老後は自分たち高齢者で守る時代、他の地域に移住しても、早晩同じ結果になるはずですからね。

平成30年度の平均が68歳にも拘わらず、週1回一日6時間の勉強を5ヵ月続けられたのです。全員が最後まで受講され、修了試験も全員1回でパスされたのです。頑張ったのです。失礼ながらこれは全くの予想外でした。高齢者の方にこうした結果を出して頂いたことは、今後の高齢者の方の受講にもよい実績となるものと思われます。

介護は老々介護が多くなってきています。介護スタッフの資格取得には、年齢制限はありません。健康寿命延長のためにも誰でも受けていただきたいのです。それに夫や妻のため、ご両親のために、すぐにも役立つものです。

介護のことをよく知ることは、優しい介護にもつながります。

12. 令和元年ご夫婦での受講が増える

平成30年度、初めて一組の方がご夫婦で受講されました。令和元年には３組のご夫婦が受講されています。夫婦２人の生活が主体になり、どちらが先に介護を受けるようになるかはわかりませんので、正しく介護できるように、お互いが助け合えるように、介護の資格を取得しておこうとのお考えなのでしょう。

自分が高齢になれば、奥さんも高齢になる。たとえば奥さんですと、今の奥さんでなくなります。高齢になると、女性は骨粗しょう症になりやすく、膝痛・腰痛も起こりやすいし、認知症の心配も出てきます。体力的にも精神的にも夫の重い体を介護する力はなくなります。

ご夫婦での受講は、分からないことをお互いに話し合って理解しあえる。男性にとって家事については苦手な人が多いので、妻からいろいろ聞けます。当然、ご夫婦の会話も増えますから、ご夫婦仲もよくなるのではないでしょうか？

こうした傾向はますます増えてゆけば良いですね。

13. 男性への広がり……地区代表Ｉさんの受講

令和元年度では、某地区代表のＩさんに、〝将来の介護への心配はみんなで解決する必要がある〟との趣旨を理解して頂き、ご本人と何人かの友人が共に、この講座を受講されております。

自らが率先しての受講です。もちろん60歳過ぎの方ばかりですから、老々介護を考えて、また地区で安心して暮らすことができるように、との助け合いの精神もあると思います。そしてこれが、人口減少に歯止めがかかれば、ともなると思います。そのかいもあって今回の男性の方は半数近くになりました。

男性の方が増えることは介護に対する考え方が大きく変わってゆくのではないか？介護への理解が深まってゆくのではないか？　と期待しています。

14. 講座場所の公民館使用料の無料化

介護講座の実施場所である公民館の使用料を、〈90％以上が町民〉となりましたので、平成30年度からは無料にしていただきました。

それまで（平成29年度まで）は、朝９時から午後４時半迄お借りして、暖房費や冷房費を含めて数千円でした。

一つの講座は23日間ですから、一つの講座当たりに換算しますと、約数万円となっていました。それでも格安の使用料で利用させてもらっていました。

平成30年度以前の公民館使用料は、それまでも諸経費を最小限に削っておりましたので、講座経費の中で講師謝金を除いて、一番大きな経費でした。各講師への講師謝金はご協力いただけるには、限度がありますので、こうした経費の削減は大変助かりました。

それにもまして、公民館の皆様のご支援いただけたことが、一層介護講座継続への意欲を高めることになりました。

15. 全員が最後まで、講師陣と受講生のお陰です

高齢になってから、日に6時間、しかも週1回とはいえ約6ヵ月弱の勉強、教室の椅子に座って授業を受けるのは、50年ぶりの方もいらっしゃいましたので、かなりきつかったことと思います。分厚い教科書が3冊もある、それを見ただけで〝えー、これを全部勉強するの、ゾーッとする、私にはとても無理！〟とよく言われました。

それだけに、私以外の6名の講師の方々が、いかに教科書に沿っての説明をわかりやすく楽しくするかをポイントにやって頂きました。

また大事なことは、講座期間だけではなく、講座が修了した後々にわたっても、永くお付き合いできる関係づくりをしていただくことでした。

介護はストレスがどうしてもたまります。講座修了後も、愚痴の言い合える仲間、相談しあえる仲間を受講中に作ってもらい、受講生同士が、お互い気楽に連絡を取りやすい関係づくりをしてもらいたいのです。

そのため昼食時間は1時間にして、コミュニケーションタイムにしました。講座が

進むにつれて、いろいろな話題で楽しくおしゃべりをされている様子を見るとほっとした気持ちになります。

講座終了後も月に1回懇親会が行われている話を聞きますと、永く続いてほしい気持ちになります。月に1回なんて地域の人たちの集まりでないとできないことでしょう。

16. 地域密着型講座の今後の課題

お元気な高齢者の方が、介護を受ける必要のある高齢者の介護をする時代、あるいは夫婦で共に介護資格を取得してお互いに助け合う時代へと進んでゆく時代がやってくるのではないでしょうか。そうした時代へやさしをもって対応してゆくことが今後の課題の一つではないでしょう。

平成30年度の受講生の平均年齢が68歳であったこと、そして令和元年の講習では3組のご夫婦が受講されていることが、その先駆けになってくれると思います。

5年目にして偶然にも、役場・社会福祉協議会・公民館・町議会議員さんの協力他のお陰で、何とか断念せずに当初の目的が達成できましたが、まさに綱渡りではなかったかと思っています

講座を開始した当初は、新聞広告、チラシ、ネット利用、町の公報などで募集を行っていました。しかしこの地域での講座への認知度は、思うように高まってゆきませんでした。新聞を読まなくなった、まして広告などはたくさん入っているので、スーパーマーケットなどの読み慣れた広告以外は、そのまま捨てられてしまうケースが多いためではないでしょうか。折り込み広告を行っても一人も応募者がなかったのです。介護施設での介護スタッフ募集でも、同様の話をよく耳にします。

介護へのご理解へ、耳を閉ざされている方へ介護の必要性を知って頂くために、ネットでの公示も大事ですが、地域密着型の講座では、受講生の口コミ、役所や社会福祉協議会のご協力で各種会合の際に内容説明をさせていただく、地域の回覧板の利用、地域の代表の方が率先して受講ないしご理解頂く、などが必要です。これらをどのように推進してゆくかが大事な課題です。

２０２５年には、この町の65歳以上の方が、49・5％との予想ですから、〝介護スタッ

フ不足だけ〟をカバーすれば、それでよい、ものでは決してありません。介護保険料が益々高騰するのですから、孤独死や介護難民が出ないように地域の人がお互いに見守りしあえる介護体制、ゆとりのある介護体制、地域ならではの温かいアート性のある介護ができる体制であらねばならないのではないでしょうか？

より良い介護のために、介護スタッフの増加を考え続ければ、もっと増やすことが期待できる筈です。それをどのように作り上げるかも、課題でしょう。

うれしいことがあります。

受講された方々の間で、社会福祉協議会にヘルパー登録し、介護スタッフとして日に空いている時間を利用し、ヘルパーの仕事をしている人が増えてきているからです。困っている人へのボランティア活動も広く行われてきているからです。

認定調査などでご家庭を回り、こんなことで困っていると、お聞きしたら、それを地域包括支援センター経由で社会福祉協議会に連絡し、協議会の中でどう対応するか協議して頂き、ボランティア活動に結び付ける活動も展開されてゆく方向になりつつあるからです。

第3章　全国展開へのご提案

1. 単位分け……保険主単位ないしは郵便番号の活用

介護保険主である市区町村単位での介護講座の開設の提案です。市区町村と言っても、人口や面積に違いがあり、一概にはもちろん言えません。人口ベースで考えたら、1万人、面積で考えたら、30分以内で通勤できる範囲が、適当ではないかと思います。

人口が多すぎると、講座の人員を増やさなければなりません。範囲が広すぎると資格を取っても通勤できなく、また地域としての結束醸成にも影響します。

人口ベースで考えるか？　通勤範囲で考えるか？　ですが、基本は通勤できる範囲です、もちろん市区町村の保険主単位の中での話です。

実施した千葉県の某町の実証では、7千人の人口で、3市にほぼ隣接していますので、他市の方も参加されましたが、地域性を加味しての7千人が適していると感じました。高齢の方に、そして温かい介護を実施するためにも良いと思いました。

単位分けに時間をかけている余裕がないので、人口や通勤できる範囲の把握ができている〈郵便番号での区分分け〉は如何でしょうか？

2. 介護職員初任者研修事業者資格取得と講師陣

介護職員初任者研修講座を開設するには、〈介護職員初任者研修事業〉の指定を都道府県庁から受けねばなりません。指定を受けるには所定の条件がありますので、その条件をクリアする必要があります。

これはちょっとした課題かもしれませんが、役所や社会福祉協議会が主体になって知恵を絞って当たれば、クリアできる問題だと思います。

講師陣は少なくとも8名は必要です。その内訳は、看護師1名、社会福祉士1名、ケアネ1名、介護福祉士5名の計8名です。しかし講師の方も私用や病気などで、欠員が出る可能性がありますので、10名程度の講師体制が必要と思います。

講師資格にも経験年数などで一定の条件がありますが、年齢は問われませんので、リタイヤされた方、ボランティアならとお考えの方などが、地域内にいらっしゃるはずです。その方々に目的をお知らせし、声かけすれば、協力頂けるケースがかなりあると思います。充足されない場合は、近隣市町村にいらっしゃるその業種の講師のお友達をご紹介頂くことが良いと思います。

3.　1つの講座の受講生人数

一つの講座当たりの人数ですが、設備をそろえる関係、講師陣の人数の確保、講座としてのまとまり、受講生の確保などを考えますと、12名が適当と感じました。また2つの講座を、ちょっと時期をずらして行うと、都合で出席できなかった日をもう一つの講座で受講できるようにするのです。これは結構喜ばれました。

例えば、水曜日コースと土曜日コースを半月ずらして行うのです。早めに予定の組める人は、遅い方のコースでも、早い方のコースを受講できるようにするのです。

まとまりとしても、12名ですとやりやすいですし、コミュニケーションの面でもよかったと思います。どうしてもそのやりくりができないときには、補講をしなければなりませんので、その関係でも12名が良かったと思います。

4.　備品の準備とその保管場所

備品の取り揃えは、講座に必要な物すべてですから結構あります。

ベッド・車いす・浴槽などを用意する必要があります。介護用品は価格が高いので、全て新品で揃えたら高額になってしまいます。

新品はほとんど買いませんでした。電動ベッドは友人から譲って頂き、浴槽はお店から中古品を買いました。車椅子は介護用品の会社から同じく中古品を購入しました。

そのほかシーツ・紙おむつなど友人や講師の先生の勤め先からもらいました。

電動ベッドの引き取り・搬入は一人ではとてもできませんでしたので、車をレンタルし、友人の力を借りてやっとの思いで運び込みました。大画面のテレビ・ポータブルトイレ・尿瓶などは仕方なく新品を購入しました。

こうした備品の保管場所も必要です。しかも保管場所が離れていると、講義の都度に運搬しなければなりません。そのほか通信費やポスター代などの経費も必要です

5. 介護施設とのコラボ

講座の認可・講師・場所・備品など全部そろっているのが、特別養護老人ホーム・保健施設などの施設です。経験あり・場所あり・備品あり・講師も揃っています。

これらの施設に趣旨をお話しし、介護資格取得事業者になってもらい、協力をたのみ、講座を開設してもらえば、業者指定も講師や場所・備品など全ての問題が解決できるのです。介護施設とのコラボレーションです。

しかし、特別養護老人ホーム・保健施設などからは、〝趣旨は分かりますが、看護師・

介護士を含め職員不足のこの時期にその余裕がないので、難しい〃と言われる可能性は非常に高いと思われます。いや多分そうなることでしょう。

施設にとっても介護スタッフ不足ですから、メリットがあるのは十分わかっています。しかし、そうした資格を持った人は目一杯フルで働いているので、現時点ではとてもそんな余裕はないからです。

そうした場合、地域内にいらっしゃる、資格をお持ちの方で、施設や病院で実務は高齢等でできなくなった方や、事情があって退職された方を、役所として探し、お願いして講師を集めるのです。それならば施設としても願ったりかなったりではないでしょうか？　しかし受講生集めは施設にお願いできませんので、市区町村の仕事になります。

講師の方々への講師謝礼についてですが、１つの講座当たり１３０時間ですが、テストやオリエンテーションの時間を加えますと、１３５時間程度になります。12名の講座ですと、一人当たり３万５千円の補助金とすると、入るお金はマックスでも42万円です。諸経費を10％必要と仮定しますと、講師謝金の合計は37万８千円、一時間当たりですと２千８百円になります。

講師謝金としては、決して満足な金額ではありませんが、地域社会への貢献も考えご協力を頂ける人を、探せば必ずいらっしゃると思います。

いろいろ課題はありますが、これは何としてもやらねばならないこととして対策すれば、決して難しい課題ではありません。

ボランティア活動的に協力して頂ける方もいらっしゃいます。事務処理などほかの面でもご協力いただけると思います。

6. 講座開始場所……公民館ないし公共施設の活用

介護施設を利用出来ない場合の介護講座と講座実習を行う場所ですが、広さに指定がありますが、そんなに広い場所は要りません。しかし毎週でかつ6時間使用できる場所が必要です。またベッドなどの福祉用具が必要なので、それを保管する場所も要ります。

公民館は市区町村内にそれぞれいくつかあると思いますが、現状の使用条件ではこの条件をクリアできないかもしれません。趣旨をよく話し合って、現状の公共施設の使用条件や空きスペースの活用を検討されては如何でしょう。

〝だめです、無理です〟、では先に進みません。

公民館全体を利用するわけではありませんので、特別条件で利用出来るように考えるか、あるいは公共の遊休施設が活用できないかを、役所や社会福祉協議会が率先して考えていただけないでしょうか？

7. キーワードは介護へのみんな（あなた）の意識改革です

前述の1.～6.項での問題点はありますが、決意次第ですぐにでもできることです。問題はみんなの介護に対する意識改革です。今までと異なった観点から、介護についてみんなが考えないと、「**介護2538**」問題は解決できません。

行政関係者・地域住民・高齢者・ご家族の方々が、これまで持っていた介護に対する認識を、どうしたらこの難題を解決できるかの観点から考え、みんなの介護への意識改革ができるか否かです。

具体的にどう意識改革を進めることができるのか、しかも短い期間で改革を進めるには、どんな方策・どういう方法を生み出せるか、にかかっているのではないでしょうか？

これは、大きなテーマで難題ですが、みんなの介護への意識改革がキーワードと考えますので、次の章で取り上げて見ます。

第4章　みんな（あなた）の意識改革！

1.「介護２５３８」の解決策はみんな（あなた）の中にある！

大まかにみれば、２０２５年の介護スタッフ不足は、日本中のどの地域でも多少の差があるにしても、同時多発的に起こる問題で、かつ毎日毎日、年中無休の仕事なので、隣地区ならまだしも、地域協力のできにくい問題です。

仮に隣市町村であっても、その地域の住民にとっては自分たちの介護を優先してほしいので、なかなかうまくゆかないと思われます。したがって同じ市区町村の中でかつ通勤できる範囲で解決するしかないのです。

解決策は、地域社会のみんなの中にしかないのです。みんなで知恵を絞って解決策を作り上げねばならないのです。もちろん、いろいろな理由で介護の仕事ができない人もいらっしゃいますので、みんなと言っても限定されることですが、基本的には全員の問題なのです。

介護保険の保険主である市町村役所、社会福祉協議会、男女・年齢に関係なく地域住民の問題です。もちろん高齢者であっても例外ではありません。介護スタッフ不足は大変な問題なので、何としても解決しなければならないとの意識を持たねばならないのです。

何度か申し上げてきましたが、〝私は介護保険を支払っているから介護を受けられる〟、〝もう私は介護を受ける年齢だから今更介護の資格を取るなんて〟、〝私が介護をするの？　私には向かないわ〟等々、今はそんな感覚ではないでしょうか？　捨てましょう、そんな感覚は。そんな感覚の時代ではなくなってくるのです。高齢者といえども、いざとなったら当然自分がやる覚悟が必要な時代になってくるのです。

これも繰り返しになりますが、〝介護スタッフは、何かお女中さんの延長のようなもの〟、〝ほかに仕事がないからやっているのでは？〟、〝私にはそんなまねはできない〟、〝介護保険を支払っているのだからやってもらう権利がある〟、との考えや、〝あれは女のやる仕事、俺は介護を受けないで死ぬからいい〟、などの考えもあります。

これからの時代、こうした考え方は通用しなくなるのではないでしょうか。

介護を他人事ではなく、介護はみんなでお世話するもの、もし自分ができないなら、介護していただく方に感謝の気持ちでお願いするもの、介護をする人が介護の仕事に誇りをもって頂けるように、みんなの意識改革が前提の時代なのです。

そうした感謝の中に、心あたたまるハートフルな介護が出てくるのではないでしょうか。介護職をみんなで誇りある仕事へと変革させることが必要なのではないでしょうか？

それに介護の知識があったら、お孫さんに、〝おばあちゃんはこういう病気なの、だからこのように介護してほしいの〟と言ったら、〝わかった、こうすればいいの？〟という会話も生まれるかもしれません。

市区町村役所の立場で、社会福祉協議会の立場で、地域住民の立場で、家族の立場で、夫の立場で、などなど介護をしてくれる人を評価する仕組みをみんなで築き上げる必要があります。

みんながそれぞれの立場で発想の転換・意識改革をして行こうではありませんか。

2. 保険主の意識改革！

〈介護の心配のない安心できる老後を！〉これは、老後においての切実なる願いであります。

生きがいのある人生を送りたい、自分や自分の配偶者の健康や病気が心配である、そんな人達を社会全体で支える仕組みの構築が必要であるとの考えで、2000年に介護保険制度ができた筈です。

国民は、介護保険料を給料や年金から、国民の義務として強制的に天引きさせられてきました。介護保険料は、2000年では、全国平均で2、911円でしたが、2015年には、全国平均で5、514円へと、189％の大幅なアップし、2019年には、5、869円で、最も高い福島県の葛尾村では、9、800円となっており、それでも、大変だと思っても仕方がないと支払っています。

2025年には、1万円を超えてしまうと予想されています。

介護保険主の基本は市区町村です。多くの人が年金から天引きされている介護保険料、本当に少ない年金からです。支払う人は心の中では、介護保険料を支払ったら、これだけしか残らない、これではやってゆけないと思っていることでしょう。

でも、自分も将来介護を受けるのだから、しようがないか？　それにしても高いなあ～、との声がよく聞かれます。

何度も申し上げますが、それが、もし自分が介護を受けるとき、あるいは家族が受けるときに、介護スタッフがいないから介護が受けられない、となったら、どうなることでしょう。言うまでもなく、大問題です。

多くのクレームが介護保険主である役所に来ることでしょう。そればかりか、住民の中には、満足な介護が受けられないのなら天引きしないでくれ、となってしまい、苦情の電話の対応が大変になってしまいます。

それは介護を受けるほうにとっては大問題ですから、介護保険崩壊に発展する可能性が十分にあります。

介護に対する指針は国が出してくる、県がサポートしてくれる。それに従って市区町村は実施しているのでしょう。

でも、２０２５年ころから大量の介護スタッフ不足が出て問題化したら、国や県は何というでしょう？

介護保険は地域保険、保険主は市区町村、国や県は指針や支援はするが、最終的には各市区町村に、各地域の特徴を生かし、介護保険がうまく運用できるように自由裁量があるのです。したがって、発生する問題は、国や県は相談に乗りますが、保険主が解決してください、となってしまうのではないでしょうか？　その結果として、市区町村の保険主である役所が、全面的に地域住民の矢面に立たねばならなくなってしまいます

各市区町村とも、内々その心配は十分認識されており、健康寿命を延ばす施策や予防保全の推進、在宅介護の推進など進められています。それでも介護スタッフが足りないのです。でも抜本策がなかなか打てないのです。

いま行っている施策は、介護するスタッフを増やすための施策の一つに補助金制度もやっています。

例えばあるケースでは、シニア人材事業として、「介護にチャレンジ！　県内で介護職として働きたい方への就労を支援します」としての補助金制度です。受講料の半額や7割補助です。条件は就労支援です、介護職への就労が条件です、となっているケースが多いようです。

介護職になる前提の人にはありがたいことだと思います。でも大きな有効打となっていないのではないでしょうか？

７割を負担してもらっても、もらうために書類の提出をする、あるいは以後、何らかの拘束を受けるのは嫌だ、面倒だと考えてしまうのではないでしょうか？

役所や社会福祉協議会としては、税金から補助金を出す以上、何らかの縛りを設けたい、これもわかります。でも介護保険崩壊の危機の恐れのあるこんな大事な問題に対して、これでよいのでしょうか？

役所の立場としてミスを指摘されないように、業務を行うのは当然のことですが、こうした大きな問題への緊急対処をせねばならない時期に、それでよいでしょうか？課題を解決する方策の実施が最優先ではないでしょうか？

介護スタッフ不足が起こったら大変な問題になる。役所としてスタッフ不足解消のために何をすべきか？　どうしたら住民の協力が得られるのか、なのです。

何としても介護スタッフ不足は起こせないのです、起してはならないのです。それを保険主である役所職員全体が、共通認識することが、意識改革につながるのではないでしょうか？

役所の人間も別枠ではありません。逆に役所の人たちこそ率先してこの問題に取り組むべきではないでしょうか？

仮に住民から役場の人たちに、〝介護スタッフが足りないので、我々に介護の資格を取れと言うが、あなたたちは何人取得していますか？〟言われたら、何と答えますか？可能な限りより多くの人が介護の資格を取っておくべきではないでしょうか、そうした意識改革が必要と思います。

3. 住民の意識改革！

(1) 地域住民としての意識改革

昔からそして今でも地域には、火災や水害等の災害から守る防災組織、消防団の方々がいらっしゃって、いざというときにご活躍されています。

２０２５年には、介護難民と言う災害、それも人災が発生すると考えていただきたいのです。この「**2538問題**」は、ご承知のようにかなり厄介な問題ですから、地域全体で考え、地域に見合った対策を生み出す必要があります。

理想は、介護スタッフの充足ばかりではなく、地域のみんなで知恵を絞りだして、介護保険料に見合った良い介護です。地域の介護を受ける人を安心させて頂ける介護です。地域の人に、〝ああ、この地域に居てよかった〟と喜んでいただける介護です。

介護保険は市区町村が基本的に保険主ですから、〈地域住民とは？〉となると、その市区町村民が対象です。

大きな市もありますから、また介護を必要とするのは毎日24時間のことですから、地域のコミュニティという観点から考えると、住んでいる集落そのものであれば、結束もしやすいのではないでしょうか。又、いざ困ったときにどんな形でお互い助け合えるかが地域住民の範囲かもしれません。

他の地域の人に自分の地域の人の介護をお願いするのは、大幅な介護スタッフ不足となる、２０２５年頃にはかなり無理があるように思います。どこの地域でも介護スタッフを確保するのに精いっぱいとなっているでしょうから、自分たちで自分たちを守る、と考えておいた方が良いと思います。

繰り返しますが、介護は女性がやるべき、若い人たちがすべき、保険料を支払っているのだから保険主がなんとかすべき、では問題は解決できません。男性もやる、高齢者でも元気でできる人がやる時代になることでしょう。少子高齢化の時代ですから、自分たちの年齢の介護は自分たちで助け合う精神が必要なのではないでしょうか？

いまさらこの年では体力的にも無理だ、と考えてしまいがちです。でもそんな悠長なこと言ってはいられない時代になるはずです。

介護は、介護スタッフをすることだけではなく、介護の知識を学ぶことも介護なのです。介護を学び介護を理解し、優しい心で接して差し上げれば、介護を受ける人のこころの安らぎにもなるからです。

(2) 個人としての意識改革

① 隠れ〝お困りさん〟を探して下さい

夫婦二人、今まで元気で居たのに、どちらかが急にできないことが発生する場合、自分たちだけで困ってしまっている。

例えば、運転免許証を返納するように子どもたちに言われ、返納する。子供たちは時々来てくれて買い物をしてくれている。必要なことはやってくれるが、それ以外に出かけたいことには気が回らない。親としても、子供たちが忙しいことを知っているので言えない。

趣味の活動に出かけられなくなった、ちょっとした用事が出来ても行かれない、家の中でじっとしているしかない、人と会話が出来なくなってしまった、などなどです。

こうした困っていらっしゃる高齢者の方をサポートするシステムが出来つつありますが、まだまだ「隠れお困りさん」がたくさんいらっしゃいます。

この傾向はますます増えてゆきますので、こちらから積極的に声掛けをして探し出すシステムを本格化して頂きたいのです。そしてお困りの内容を、できないではなく、できるように、ボランティアさんが活動できるように、結び付けていただきたいのです。

困っていらっしゃる方はどうしたらよいのか、思案に暮れていらっしゃるのです。自分では思うように言えないので、ぜひ探して助けてあげてください。

② 突然やってくる介護状態

ある日突然、介護を受ける事態が来る場合、あるいは徐々にやってきているのに自分だけは知らないでいて、介護状態が突然やってくる場合、いろいろありますね。

よくある例では、三脚に乗って植木や雨どいの手入れをしていたら、自分が年を取ってきたのを忘れ、依然と同じように行動してしまい、バランスを崩して転落して腰や頭を打って大腿骨骨折、脳挫傷、頸椎損傷で入院するケースです。

また、庭や家の中で転んで、腕を骨折するケースや、新聞紙を廃品回収に出そうと思って袋に詰めて持ち上げたら、腰痛になってしまったケースもあります。

体が衰えているのに気が付かないで無理をする。糖尿病だとわかっているが、何の変化もないので、ついついそのままの生活を続け悪化させて、網膜症や腎不全などになり、そして人工透析に通わねばならなくなってしまった。高血圧なのに治療をしないで放っておいて脳梗塞を起こして半身不随になってしまった、等々いろいろなケースがあります。

介護を受けるようになって、〝しまった、あの時に注意しておけば、今こんなことにならないで普通に生活できたのに、ゴルフができたのに〟、と後悔しても間に合わないことがほとんどでしょう。

介護は他人事ではありません。常にいつかは自分も介護を受ける日が来ることを、しかしそれをできるだけ遅くしたいと、だれしも望むとことでしょう。

ところが、そうした目的のためにしていることは、単なる健康体操をする、食事を改善すると言った単発ごとではないでしょうか？

総合的に考えたうえで、自分には何をどう注意したらよいのか？　何をやったらよいのかを考えて実行することではないでしょうか？

自分なりの注意、家族からの注意、健康診断の受診結果からの注意は絶対に欠かせないでしょう。

〝そんな面倒な、まあ生きている以上は健康でありたいと願うが、それなりに注意するしかないのでは？　人間にはもって生まれた寿命があるからね〟、と逃げていないでしょうか？　そして、〝元気だ、元気だよ、俺の人生、ちゃんと考えているよ、好き勝手に生きるな、だろう、でも注意なんてまだ早い〟、と思っていませんか？

妻から〝そんな生活していて、倒れたって面倒見ないからね〟と注意されても知らん顔、そしてこの元気さが明日無くなるなんて考えない、改めないのです。

よほどの大病をして医者からきつく諭され、初めてわがことと知る。でも気が付いた時には手遅れ、どうしてもっと早く気が付かなかったかと後悔する人が多いのではないでしょうか。

介護を受ける身になって、初めて健康のありがたさがわかる。

施設で介護スタッフをしていると、いろいろなひとが入所している。ああ、このひとがこの病気について早く治療していたら、今こうしていないのに、と考えてしまうことが多いのです。

正に多くの人が「後悔先に立たず」の心境ではないでしょうか。そして介護は他人事ではないとその時初めて知るのです。

元気なうちから自らに、介護は他人事ではないと心に言い聞かせ、少しでも介護を受ける時期を遅くするよう意識改革をしたいものです。

③ 私は介護を受ける人、あなたは介護をする人？

介護を受ける人たちと介護をする人たちが別々な人たちではありません。

そんなことくどくど言わなくてもわかっている、とお怒りでしょう。ではなぜ介護をしようと思わないのですか？

介護スタッフが潤沢にいれば、思わなくても良いでしょう。でも介護スタッフが不足するのですから、当然介護してもらうことができなくなるのです。

当たり前のことですが、介護保険は一定の年齢になれば、みんなが支払うのです。でも、それは介護資金だけの問題です、介護を受けられる保証ではないのです。

介護スタッフが不足する時代になれば、「私は介護を受ける人、あなたは介護をする人」ではなく、「今は私が介護をする人、将来は私が介護を受ける人」との考えに意識改革する必要なのです。

介護保険を支払っているのだから、私は介護を受ける必要な時期が来たら介護を受ける権利があります。しかし元気なうちは介護をする人であらねばならない、受けるだけの人と考えてはならない時代がすぐそこに来ている、という認識へ意識改革が必要なのです。

「私は介護には向かない、やりたくない、でも介護はしてほしい」と皆ながそう思ったら、そう考えたら、たくさんの介護難民が出てしまいます。結局は、困るのは一般市民です。これは国家に、市区町村に、文句を言っても解決できません。

介護スタッフは工場で生産できないので、地域住民みんなで解決しなければならない時代です。

それに、「介護をしてくれる人はありがたい人、地域住民のために活躍してくれてありがたい、感謝です、私は体力的にできなくて申し訳ない」との考え方を持つことではないでしょうか？

高い介護保険料を支払っているのですから、確実に介護が受けられるよう一般市民も意識の転換が必要なのです。

④　わたしたちの介護は若者がやるべき？

高齢者が介護の仕事をすることは難しい、あんなきつい仕事は高齢者には無理、体がもたない、若い人たちにお願いするしかない、若い人がやるべき、とお考えでしょうか？

少子高齢化が益々進行している時代ですから、若い人たちが減っています。そんな中で、若者を頼りにするのは若者にとって過酷ではないでしょうか？　もちろんすすんで介護の仕事をやって頂ける人はありがたいのですが、若者がやるべきと考えるのは適切ではないと思います。

それでなくても今の若者には、今の繁栄と引き換えに莫大な借金を残しています。ご承知のように、平成29年度ですでに、１，０００兆円を超える国の借金があり、その借金を増やしながら先送りして残しています。

この負債額は解決ができないと思われるほどの莫大な数値です。でも負債は、またその孫へといつまでも先送りできるものではないでしょう。早晩パンクすることでしょう。パンクしたときはどうなるでしょう。相当な苦難が若者にのしかかるはずです。

先送りされた若者たちはこの負債を背負うのです。どうやったって解決できないではないか、どうしてこんな大きな負債を残してくれた、もっと早く抜本的な手を打ってくれなかったのか、と私たち先人たちを恨むことでしょう。

そんな状態を知りつつ、その上介護の面倒まで見させては、あまりにも若い世代の人たちがかわいそうで、かつ申し訳ないのではないでしょうか。

少子高齢化が進む中では、どうしても国際競争力は低下してしまいます。多くの若者には日本の将来のために必要な産業の育成に従事してもらう、いや成長産業の育成には若者の発想や活力が欠かせないのではないでしょうか？　是非とも多くの若者には日本の将来のための活動に専念できるように、そうした分野に極力従事してもらうべきではないでしょうか？　自分達の始末は自分達で行いませんか？

介護の仕事は、若者がやるべきとの考え方は捨てる時期ではないでしょうか？

⑤　ゆっくりさせてくれよ

若者に介護を任せる訳にゆかない。そうかと言ってろくな介護を受けさせずに、両親や先輩をあの世に行かせることもできない、自分もそうなりたくない、となったら高齢者が介護するしかない、となります。

高齢者は昔の高齢者と異なります。第二次大戦後の昭和25年頃の平均寿命は、男性も女性も60歳前後でした。

いまはほとんど見られなくなりましたが、還暦のお祝いとして赤いチャンチャンコを着せてみんなで祝福する風習があります。それくらい還暦を迎えることはおめでたいことでありました。

60歳と言うと、歯は抜け背中は丸く、喘息気味で本当に年寄りそのものでした。歌の一節にも〝村のはずれの船頭さんは、今年六〇のおじいさん、年は取ってもお船を漕ぐときは……〟とあります。

昔は多くの企業が、50～55歳定年でしたから、定年過ぎたら、多くの人が勤めていない奥様からお疲れ様でしたと言われ、のんびりと孫の子守をしながらの老後でありました。そして数年たってあの世に行かれたのでしょう。

ところが今ではどうでしょう。60歳で赤いチャンチャンコを着る人は見たことがありません。平均寿命が、男性で約81歳、女性では87歳の時代ですから当然のことでしょう。男性は65歳で定年になったとしても、老後が、平均寿命の81歳まで16年もあるのです。ところが頭の中は、昔自分の父親がやっていたのんびりとした定年後の生活を思い浮かべています。

そのため、定年後？　優雅に暮らすのだ、と決め込んでいる人が多いのではないでしょうか？　でも最近は年金問題で、そうは言ってはいられないと働き続ける人が多くなっていますが、もう働きたくないと思う人がまだ多いのではないでしょうか。

16年も悠々自適で過ごせれば、それに越したことはないのですが、事情が変化してきたのですから、健康上に問題がないのであれば、16年の半分は介護の仕事でもうひと働きの時代ではないでしょうか。

〝え〜、今から介護？ とんでもない、いやいやそれはできない、絶対にやらない、そんなら俺は介護を受けないで死ぬからいい〟、といわれるかもしれません。でも実際は多くの人が、いやほとんどの人が介護を受けるのです。では誰がやるのですか？その時になって誰もいなかったら、どうでしょう。

覚悟を決めてやるしか方法はないではなく、介護をやるのが当然の考えとの意識改革が必要ではないでしょうか？

⑥ 勘違い……妻は夫の私物ではない

妻は夫の私物？ こんなことを思っている人はまずいないでしょうが、実生活はどうでしょう？ 特に介護を受けるようになると、まるで私物のように、まるで自分のためだけに働いていればいい、と思える人がいらっしゃいます。

介護度が軽いうちは妻も、〝はい、はい〟と聞いていられますが、介護度が増したらもう妻もお手上げです。

それなのに夫は、妻をまるで自分の召使であるかのように、〝自分の面倒を見ることを最優先に考えろ〟、と言われては、いくら辛抱強い妻であっても、息就く暇も無くなってしまいます。そして疲れ切ってしまいます。

寝たきりになると、〝俺から離れるな〟、〝呼んだらすぐに来い〟、〝夜中もそばにいてくれ〟と妻に要求する人もいます。

妻は夫の介護の合間を見て、洗濯・炊事・買い物などやることがたくさんあるのです。それなのに、自分は昼間寝ていて、起きると呼ぶ、夜になると昼間寝ているので、眠れず寂しいものだから、そばに居ろという。

感謝するならまだしも　文句ばかりを妻に投げつけては、妻もやりきれない。体力的に介護がつらいのに、精神的にも威張り散らされるのでは、モチベーションが落ちるどころではない。ギブアップである。

そうなったら何を言われても、お金がかかっても、〝もう私にはできませんから、施設にでもどこにでも行って、好きなようにスタッフにやってもらってください〟となってしまいます。

子供たちも母親の味方です。妻に介護を要求するのではなく、夫は、妻が介護を要するようになった時に、〝介護してやるから心配するな〟ではないでしょうか。

(3) 自分への介護の勧め！

本来は、〝情けは人の為ならず〟ですが、間もなくやってくる「2538」に備えて〝介護は人の為ならず〟が当てはまると思っています。定年後から介護関係の仕事をしてみて本当にそう思ったからです。

介護関係の仕事をしてみて、介護がこんなにも日常生活に役に立つとは思いませんでした。今後自分が介護受けるようになったら、さらに役立つのではと思っています。

高齢になったら、介護を受けるようになったら、今まで喜びでもなんでもなかったことが大きな喜びになります。外の景色がみられる、お風呂にはいれる、おせんべいが食べられる、テレビを見ることができる、などです。

そして、更に介護度が進むと、自分で歩くことができる喜び、さらには息苦しくて思うように息ができないときには、ああ、楽に息がしたい、楽に息が出来るようになったら、ああ、今日はうれしい、楽に息ができると喜ぶ。

普通の人にとっては何でもないあたり前のことが、まさに最高の喜びなのです。重湯、重湯の毎日、ああ、お粥でよいから食べたい、お粥になれば、いつ白いごはんがたべられるのかなあ、白いごはんが食べたい。

そんな生活になると、あの時に……を、もっと注意しておけば、こんなに早くこんなことにならなかったのにと悔やむ。ああ、あんなことがこうなるなんて、知らなかったと、きっと思うことでしょう。こうしたことが起こるなんて、と元気だった過去のこと繰り返し振り返ることでしょう。

十分ご承知のごとく、少子高齢化・核家族・老々介護の時代が益々進行するのです。予測というよりどんどん現実のこととなってゆく時代がすぐそこに来るのです。

これからの時代は健康寿命を永くし、自分が介護を受ける時期を少しでも遅らせる、軽い介護状態であったら介護を受けないで自分で自分を介護する、自分で工夫して重くならないようにする。

こんなことは現在の自分ならわかっているが、高齢が進むとどうしたらよいのか分からなくなってしまうのです。更に介護度が増すにしたがって、そんなことがいかに大事か、ひしひしと感じさせられるのですが、自分ではどうにも改善の手が打てなくなってしまうのです。

自分自身を介護する方法を今から考えておく意識改革が必要なのです。

(4) 認知症状を知らぬがために今でも後悔

介護を受けている人への虐待の加害者は、息子が41％、夫が19％、娘が16％、息子の妻が6％他、となっているデータがあります。

夫が加害者になることは多くない。もちろん、夫が妻より先になくなるからかもしれません。男性を擁護するわけではないのですが、認定調査で回っていると、男性は自分が認知症の妻を介護する立場になると、割りと優しいケースが多いのです。

妻を介護することをあまり苦にしていないようにも見えるのです。会社生活で散々苦労してきたからかもしれません。そして、〝今まで妻に苦労を掛けたから、よくやってくれたから〟という気持ちもあるように見えます。女性に多いアルツハイマー型認知症になると、妻が穏やかになるからかもしれません。

男性は女性に比べ、はるかに介護のことが分かっていません。認知症の症状を知りませんので、後悔のきっかけを作ってしまうこともあります。

こんな後悔の話があります。

それは初期の認知症の段階で、妻がうろうろするだけで用をなさないので、ついその夫は、キッチンに女房が来ると、〝お前がいると邪魔だから向こうに行っていろ〟などと言い続けてしまった。

それ以降妻はキッチンに来なくなった。夫がキッチンにいる間、妻は居間でしょんぼりしている。

認知症状が悪化して、認知症の病気について知らされ、あれが認知症の悪化を速めたかもしれない、なんとかわいそうなことをしていたのかと反省し、それからは、炊事・洗濯・入浴介助など、何一つ苦にならなかった、やってあげることが楽しかったとも言う。

しかし認知症状の進んだ妻にはもう通じなかったと悔やんだ。

今では仏壇の遺影を見ながら毎日謝っているという。そして私に対して、機会があったら、この話を多くの人にしてほしいと言われました。

認知症状を勉強していなかったがために、気が付かないうちに虐待をしている、まさに〝後悔先に立たず〟です。

こうしたことをおこさぬためにも、夫は介護への意識改革を努めるべきではないでしょうか？

(5) 90にして厨房に立つ

90歳になるまで厨房に立たなかった。まさに男子厨房に入らずであった。ところが妻が腰痛になってしまい、日中も起きてはいるがソファーで横になっているほかはない状態、当然腰が痛くてとても厨房に立つことはできなくなってしまった。

2人の子供たちは共に県外の生活、妻が腰痛を起した当初は娘も泊りがけで来てくれたが、今は週1回がやっと。息子も休日のみ顔を出し、買い物などをするのが精いっぱいになってしまった。

介護認定を受けてヘルパーさんが来てくれるが、毎日でなく、週3回1時間程度。その他の時間は夫が妻の面倒や食事の支度をせねばならない。今まで厨房に立っていなかったので、妻に聞いてやろうとしても、妻はそばに行けないのでなかなか思うようにできない。出来合わせのもので済ませることが多くなってしまった。妻はでき合わせのものでは次第に不満が積もってくる、体調もおかしくなってくる。

笑いながら男子厨房に入らずで妻が全てやってくれていたが、〝90にして厨房に立つ、まさかこの年になってから調理するとは思わなかった〟と調理の大変さを語っていました。

夫の調理がいつ必要になるか、その時がいつ来るか予想がつきません。子供たちやヘルパーさんが作ってくれる、出来合いの食事、では長続きしません。

食事は、毎日3度しかも同じものでは飽きてしまい、栄養バランスも悪くなりますので、厨房は妻任せではなく、元気な今から週に1、2度は厨房に立ってみることが必要だと思います。

〝男子厨房に入らず〟は、2世代・3世代同居時代の話、今は〝男子も厨房に入るべし〟の時代。妻が夫に、あなたも調理すべきと説得する時代ではないでしょうか？　夫も、〝そうだな〟と受け入れる時代でしょう。

夫も妻も調理への意識改革が必要です。

(6)　現在の60歳は一昔前の42歳に相当！

サザエさんの漫画が生まれたのは昭和25年と言われています。そのころの平均寿命を調べてみると、男性の平均寿命は約58歳、女性は約61歳です。サザエさんの波平さんは九州の会社を50歳で定年、その後東京に来て再就職したと読んだことがあります。あの波平さんのお顔は53歳？くらいのようです。それが、今は〝えー、この人が60歳、もうそんな年、とてもそうは見えない、ああびっくり、そうだったの〟と言われるくらい、今の60歳は一昔前の60歳とまるで違う感じがしますね。

確かに平均寿命もこの約60年間に男性も女性も20歳以上延びています。

	（男性）	（女性）
1947年（昭和22年）	50・4歳	54歳
1953年頃（昭和28年）	60歳	65歳
1971年頃（昭和46年）	65歳	70歳
2009年（平成21年）	79・5歳	86・4歳

昭和22年は戦後間もないので、昭和22年と昭和28年の平均をとりますと、昭和25年の平均寿命は、男性は55歳、女性は約60歳となります。60年前の寿命を今（平成29年では女性は約87歳、男性は約81歳）の寿命、男性は約81歳、女性は87歳で割りますと、

男性は、55÷81＝0.68　女性は、60÷87＝0.69

まるで作ったように、ほぼ、×0.7です。

見方を変えると、**現在の60歳の人は昭和25年ころの42歳（60×0.7）、現在87歳の人は60歳（87×0.7）に相当する**ことになります。

定年は、昭和42年頃までは55歳以下が主流でした。昭和25年頃でしたら明らかに定年は、50歳から55歳、定年退職して平均すると、５年から10年の間に寿命が来て亡くなっていたことになります。

奥様も子供たちもお父さんご苦労様でしたと、定年後を大事にされました。それは戦後の大変な時期に懸命に働いてくれたことや、寿命までの期間が短かったこと、妻が働いておらず、収入は夫の収入のみであった時代背景も影響していたこともあるでしょう。

そんなお父さん世代を見て育った現在の70歳代の人は、定年になったらああしたのんびりとした生活を頭に描いている。

ところが、65歳で定年退職しても81歳の寿命まで16年ある、妻も働いている、考え方も変わっているのですから、お父さん世代と同じと言うわけにはゆきません。自分はお父さん世代に換算すると42歳、まだまだ10年は働くぞ、と頭を切り替えることが賢明なのではないしょうか？

⑺　ここは読みたくない！

よく言われることですが、定年後に定年前と同じように、〝おいお茶、飯はまだか〟は止めた方が良いでしょうね。奥様も働いているケースが多いので、亭主関白を続けてほしいと言われる奥様はまず極めて少ないのではないでしょうか？　例えそれが許されるとしても、せいぜい多くて1～2年、それ以上は無理ではないでしょうか。

男性は俺が働いてもらった退職金もあるし、貯金もある、年金も出るようになる、だから今まで通りでいいではないかと考えますが、それは夫の言い分です。

そうした考え方を変えないと、妻との間に波風が立つ、家庭内別居、離婚など様々な問題が起こってしまう可能性は十分考えられます。介護を受けるようになったら、丁寧な介護は受けられないかもしれません。

奥様は、「はい、はいわかりました、そうしてください」と言ってくれるでしょうか？

仮にそういっても、よく言われるように、「あなたには定年があって私にはないの？私はずーっと働き続けるの？」食事の時間になると、席に座り「おいお茶、飯はまだか？」とあたり前のように急き立てる、場合によっては「酒がないぞ」と言う。

これに対して「はい、はい、と応えていろと言うのですか？」と言われることは目に見えています。やがてはもう無理、これ以上無理を言うなら、離婚よと言われ、危険水域の争いになってしまい、長引けば、定年後離婚か、家庭内別居になってしまいます。

この戦いに夫には勝ち目がありません。定年を過ぎたら、平等で家事をするくらいの考え方の転換が必要です。

介護についてはどうでしょう？

認定調査で在宅介護の家を訪問すると、〝俺の介護はお前がやれ！〟、中には、〝当然だろう、今まで飯を食わせてきたのだから〟という人もいらっしゃいます。

でも冗談ならまだしも、喧嘩や言い合いで、たとえ弾みでも、これを言ったら最後でしょう。

現状に即した大きな発想の転換が必要なのではないでしょうか？　なぜなら妻は全く違うことを考えているからです。

⑻　夫婦にとっての楽しい老後へ！

昔は一般的に夫婦の年齢差があり、それも夫が5～6歳年上ではなかったでしょうか？　寿命も男性の方が短いので、夫が先に亡くなるケースがほとんどではなかったのではないでしょうか？　そして認知症にかかる人は少なかったのです。

認知症は、65歳では人口の1～2％、70歳では3～4％、75歳では6～8％、80歳では12～16％、85歳では24～32％、90歳では48～64％ほどの発症と言われているようです。

この考え方から推定しますと、60歳では、0.5～1％となり、二百人に一人ないしは百人に一人程度になります。したがって、女性の平均寿命が昭和25年ころは62歳でしたから、認知症の人はほとんどいなかったということになるのではないでしょうか？

そしてそのころは認知症ではなく、痴ほう症でもなく、精神病扱いされたと聞いています。自分の家に精神病の人がいてはまずいと、家の奥に隠されていたという話です。

こうしたことを考えると、そのころは介護の面倒も医療も発達していませんでしたので、今より認知症の人に巡り合う機会ははるかに少なかったはずです。

ところが現代ではかなり違います。夫婦の年齢差もまちまち、健康寿命は延びている、介護を受けるようになってから平均寿命までの期間が、男性で約8年、女性で12年と長くなっている、認知症になる人も寿命が延びたので増えています。どちらが先に介護を受けるようになるのか、不確定要素が多くなっています。

したがって要は、夫婦どちらが介護を受けるようになっても対応できるように準備しておくことに、夫が理解を示し、よし俺も介護の知識をしっかり持とう、と意識改革をすることができるか、でしょう。

夫が意識改革できれば、妻は介護への心配が安心感に変わり、夫への信頼感が増すのではないでしょうか。そして夫婦の会話が多くなり、認知症予防のためにもなります。

定年後は自分も楽しむが、妻にも大いに人生を楽しんでもらう工夫とその権利をもってもらいましょう。現役時代仕事に専念できたのも妻のお陰、好き勝手出来たのも妻のお陰、家計が苦しい時代にやりくりしてくれたのも妻がいてくれたから、それこそ、苦労をたくさんかけている筈、定年後はより多く妻にも楽しんでもらいましょう、喜んでもらいましょう。

それが結局は楽しく有意義な老後になるのではないでしょうか？

4.　介護職への意識改革

介護職のイメージ？　きつい・汚い・危険の３Ｋと言われ、最近では新３Ｋとしてきつい、帰れない、厳しい又はきつい、給料が安い、が挙げられています。

男性の方、高齢者の方が増えてきましたが、女性の仕事で男がやることではない、高齢者には無理、のイメージがまだ残っています。

介護職の資格を取得して介護職になっても、資格の必要のないコンビニやスーパーに勤めるより安い、勤務時間も自分で決められない、正月休みもない24時間体制である。3Kそのものと思われても当然の実態です。

現在では職探しに困らない時代です。スーパーやコンビニでも給料が高く、時間を守ってもらえる。汚いイメージもない。介護への人材が不足するのが当たり前です。

それなのに介護の仕事で頑張って働いてくれている人への感謝の気持ちどころか、やってくれて当然、と考えている。

これでは介護職が不足するのは当たり前です。これが、今から5年先の介護を受ける人が増える「**2538**」の時代を迎えたらどうなるのでしょう。

(1)　介護職への感謝の気持ち

言うまでもなく介護職は絶対必要な職業です。ほとんどの人があの世に行くためには介護してもらわないと行かれないからです。

それに今、一定の年齢になって介護職をしている人も、介護保険料を支払っているのです。安い給料で、汚い仕事、きつい仕事なのに、介護の仕事をやってくれるのです。特に現在は求人難、ほかに仕事の選択ができるのに。

自分はこの体なのでできない、介護を受けるだけで本当に申し訳ない、よろしくお願いします、の気持ちが感じられて初めて、よし、地域住民の為に、俺は、私は、幸い健康だから頑張ろう、やってみようとの気持ちになるのではないでしょうか？

本当にありがたい、感謝です、と素直に思う気持ちが必要です。

こんな気持ちを、みんなが心から持てるように醸成することが、介護スタッフ不足解消への第一歩だと思います。

介護職は「大切な仕事です、誇りある仕事です」こころからそう思う意識の転換です。そんな考えをみんなで築き上げることとです。

当然、雇用側が介護職の３Ｋ解消に努めるべきですが、今は新３Ｋ、５Ｋ、６Ｋなどの言葉が出てくる事態で、決して改善されているように思われないのが残念です。

こうした状況の中でも介護職は大変な仕事をしてくれているのです。

今、我々にできることは、すべきことは、介護職への感謝の気持ちです。自分が出来なかったらなおさらそうすべきではないでしょうか？

(2) 介護職としての誇り作り

介護職の仕事はますます専門化しています。介護職はもっと誇りある仕事として評価されるべきです。

誇りある仕事としての評価がなされない限り、３Ｋを覚悟のうえで真摯な気持ちで介護職になっても、前述したように世間はその程度にしか見ていないのかと、落胆して辞めてしまうケースがあっても、あたり前のことではないでしょうか。

例えば、終末ケアをされる医師や看護師が評価をされ、同じく終末医療により多く携わっている介護職がそのような評価を受けなかったら、どうでしょう、いや、なぜそうではないのでしょうか。

終末医療はその人らしい人生を全うしていただく、ターミナルケアです。医療と介護の両面からその人の生活を支える。治す医療の延命治療ではない医療です。こうした医療を望まれる方にとっては、医療と同じように介護がとても大きな役割果たしているのです。

医師や看護師より日々の生活の中で多くの時間接しているのです。人生最期の時期にどんな介護を受けられるかで、楽しい時期になるのか、つらい時期になるのかの分かれ目になってしまうのではないでしょうか。

そう考えますと、介護職はもっともっと誇りある仕事であるべきなのです。仕事は専門技術が必要で、介護は一年中休みのない仕事、それなのに給料は安く・仕事がきついのに頑張っているのです。感謝無くして、誇り無くして、何でやる人が増えるでしょうか？

若者の中には、小さいときにかわいがってくれたおばあちゃんのお世話をしたい、おばあちゃんの手助けをしたいと、学校や仕事に行く前や帰ってから、休日の日にも、顔をだして、〝おばあちゃん、大丈夫？　元気？〞など話し相手になったり、買い物の手伝いをしたり、お風呂に入れる手伝いをしたりと、小さいときにかわいがってくれたおばあちゃんやおじいちゃんへの感謝の気持ちで面倒を見ている方がいらっしゃいます。

できないことが多くなった介護を受ける人、何回説明しても同じことを言う人、何回もトイレに行きたがる人など、介護を受ける方にはいろいろな人がいらっしゃいます。でもそれぞれの方のご家族にとっては、自分たちを一生懸命育ててくれた大事な方なのです。

　そんな方々の人生最期のお世話をする。それもしょうがないなぁ、という気持ちではなく、心豊かに楽しく過ごし、ああ長生きしてよかった、神様が最後にごほうびをくれたと思ってもらえるように介護をして差し上げ、ありがとう、ありがとうと涙を浮かべあの世に行かれたら、そんな介護であったら、介護冥利に尽きることでしょう。

　ターミナルケアに尽力された日野原先生の仕事と同じように立派なやりがいのある仕事と思うのです。

　頑張ってこられた方の人生の最期の時期を心込めてお世話する、それは誇りある仕事ではないでしょうか。後輩のために、そんな誇りある仕事へ作り上げてゆく、グレードアップすることもまた誇りある仕事ではないでしょうか？

　介護なんて価値を見出せないよ、と言われるかたもいらっしゃいます。でもそれは市場経済の面からみればそうでしょうが、人間として、人生として、心豊かな生活、暮らしとしての側面から見れば、とても大事な、そして誇りの持てる仕事ではないでしょうか？

5. 介護資格取得希望者の意識の変化

(1) 受講目的の多様化……自分自身の身を守るため！

講座を受講し、6ヵ月かけて資格を取得するとなると、大半の皆さんは介護の仕事をすると考え、〝介護の仕事はやらない、できない、無理〟、として受講されませんので、受講目的を介護の仕事をすることに絞らず、幅広く考えていただくことにしたのですが、あまり理解されませんでした。

最初の、平成26年の募集広告は、《あなたの家族を守り、あなたの大切なご近所も守ります。介護の資格は一生の財産です》としました。

平成30年度は、《**介護スタッフが大幅に不足する時代がやってきます、スタッフ不足は地域住民で解決するしかないのです**》としました。更に《地元で、仲間で、少人数で楽しく資格を取得しませんか》を付け加えました。

この募集広告のどちらにも、介護の仕事の文字は入っておりません。介護の仕事をするためばかりでなく、地域消防団ではないですが、家族を守る、地域を守るのは自分たちでやらねばならない時代になってきたことを、より知って頂きたかったのです。「介護スタッフは自分たちで、さもないと結局自分に降りかかってくる」と、多くの人が実感、当惑する前に対応して頂きたいのです。

受講で介護を勉強することは、介護の仕方を学ぶ以外に、成人病にならないようにするにはどうしたらよいのか？　この成人病に罹るとこんな症状が出てこんな風になってしまう、など幅広い知識・体験が得られます。

夫や両親などの家族への介護も予測なしに急にやってくる。その時になってから勉強したのでは間に合わない、介護される人を抱えて勉強にいかれません。時間的余裕もなくなってしまってからでは、だめなことを理解して頂きたいのです。

重ねて申し上げます。

今学んでおくことがいかに大事かを知って頂く。健康寿命を延ばすためにもしっかりと勉強しておくことが必要であることを理解して頂きたいのです。

介護職になる目的以外にも介護の資格を取るための勉強がどれほど役に立つのかを多くの人に知って頂きたいのです。

自分の健康管理は、まだまだ自分のやりたいことをやるために、やりたいことを続けるために必要なのです。ゴルフ・テニス・旅行・植木の手入れなどは健康でないとできないのです。それをできるだけやりたいなら、健康寿命を延ばすしかないのです。俺は元気だから大丈夫、それが失敗のもとです。健康を失ってからでは遅いのです。また家族が健康でなくなったら、それも、その人もそして自分もやりたいこと十分できなくなるのです。わかりきったことですが、家族ができるだけ健康でいることが、自分もそして家族みんなの幸せの期間なのです。それでも、やがては自分も介護を受けるようになるはずです。

そうなった時に、どうしたらよいのかを知っておくことが大切です。健康寿命を失ってから、天命を受けるまで、永いのです、つらい期間です。その期間をどう過ごすか、それはとても大事なことのです。

介護の勉強は介護の方法を勉強するものだと思っている方が多いのですが、受講してみると、そうでないことがわかって頂けます。それは車の運転免許証を取るのと同じです。運転の仕方ばかりでなく、自分の身を守ることも学ぶように。

(2) 楽しく明るく受講！

平成30年度の町民の受講時の最高年齢は77歳でした。受講された方は前期高齢者の方が多かったので、おそらくこうしたまとまった勉強は、長年経験されていなかった方が多かったのです。

〝講座に来るのが楽しい、みんなと会うのが楽しいという雰囲気を皆さんで作ってください、我々講師陣も最善をつくします。楽しい雰囲気の中で授業を受けて欲しいのです。気楽な気持ちで、ぜひ講座をお受けになってみてください〞

と、お話ししました。

昼休みは、ゴールデンタイムなので1時間です。お菓子類の持ち込みオーケーです。最初はぎこちない雰囲気ですが、次第に打ち解け、最後の頃は、ゴールデンタイムにふさわしく、まぁ昼休みは賑やかなものでした。受講人数の12名は正解だと思います。

実技の勉強は、毎回、阿弥陀くじで順番やパートナーを決めます。阿弥陀くじの時はワイワイガヤガ、まるで小学生にも戻ったかのようです。もちろん異性と組むのが嫌な人はこっそり教えてもらいます。

来るのが楽しくないと、身につきませんし、来るのが憂鬱になります。自由な楽しい雰囲気がないと、何がわからないのか知ることもできません。

また、〝積極的にたくさん失敗してくださいね。恥をかいてくださいねー。そうすると覚えますよ。実技は頭でなく、体で覚えてくださいね〟、と言い続けています。

⑶　将来へのコミュニケーション作り！

介護の仕事や在宅での家族の介護でも、介護は結構孤独になり、また自分の地が出てしまい、あ、これはいけないな、と思うことがあります。

介護がうまくゆかないとき、失敗したときなど、自分は介護に向かないのではと、思い悩んだり、落ち込んだりしてしまうことが出てきます。

そんな時に、相談しあえる関係、愚痴が言い合える友人があることは、とても大事なことです。

この介護資格取得講座は、通信の講座と異なり通学制ですから、受講者の顔が見えます。講座修了後もお互いに相談しあえる友人、愚痴が言い合える友人を講座期間中に作れるかがとても大事ですし、つくれます。

６ヵ月弱の講座、１時間の昼休み・他で、コミュニケーションが自然とでき上ってほしいのです。お互いに持ち寄ったお菓子や漬物を食べながらの雑談が、それこそ後で生きてきます。

なごやかな講座が修了する頃になると、自然に、お互いの連絡網を作っています。

将来介護する場面に直面した時に、あるいは永年介護をしていると、高齢者の方や認知症の方相手ですから、一般の関係以上にいろいろ問題が出てくるのです。そんなときに、愚痴が言い合える仲間、もちろん困ったことも相談できる仲間がいることは、助かります。

勉強したことは月日がたてば、忘れたり薄らいだりしてしまいます。あるいはこれは正しいと思っても間違って覚えていることもあります。介護疲れもあります。

ですので、将来いろいろな場面で、いろいろな悩みを気軽に話し合える関係を、この期間に作ってもらうことを一番の目的としています。

⑷　ちょっと乱暴な意識改革提案

既刊書『62歳からの介護職』の中で「国民皆介護職制」として次のようなことを書いたのです。

将来のいつの日か、「来年から国民皆介護職制の導入を!!　リタイヤした元気な人は60歳～70歳の間に一定期間介護の仕事につくこと」そんな見出しが新聞に大きく出るかもしれません。

言葉はきついかもしれませんが、これはいわば徴兵制度ならぬ《徴介制度》の導入です。
仮りに、「**2538**」時代では、女性介護パート職に税制優遇策、在宅介護に金銭支援の、2つの対策を実施したとしても焼け石に水の状態で、半ば強制的にでも、介護の仕事を60歳以降の人にやってもらわないと介護の仕事が成り立たない時代、やむなく、《国民皆介護職制の導入》しか手立てがない時代になってきます。
《徴介制度》は如何でしょうか?

とんでもないそれもごめんだ、とおっしゃる方、徴介免除税を支払っていただけませんか。

介護保険料が高騰しています、益々高騰します。その上昇分を徴介免除税でカバーしたいのです。65歳になったら、徴介制度を選択するか、徴介免除税支払いにするか、を決めて頂きたいのです。もちろん心身に支障がある方は、徴介免除税の対象にはなりません。その税の使い道は介護保険料の軽減措置のためです。

徴介免除税創設の目的は、若い人に頼らない介護、65歳以上の高齢者就労支援、健康寿命の延長です。

徴介期間は５年間、週３日６時間程度、時間給は1，０００円程度で如何でしょう。もちろんそれ以外の日は働いても、趣味を行っても自由です。

徴介免除税は、３日×６時間×52週×1，０００円に相当する額です。年間にしますと93万６千円の支払いになります。５年間ですと、４百60万８千円です。

極論ですが、介護で働いて、その額を得るか、介護しないでその額を支払うかの選択です。

6. 地域新聞・地域公報紙の出番

介護への意識改革を、できるだけ広く、早く知ってもらう啓蒙活動をするのに、一番適しているのは、地域に密着して、多くの人に読まれている地域新聞・地域公報紙誌です。

今までいろいろ述べてきたことは、地域社会にとってとても大切なことだ、と次第に知られるようになってきています。高齢化が進むに連れて、住民も知りたがっていると思いますし、地域にとってもとても大事なこととなってきますので、地域新聞・公報紙誌の出番です。

・介護せねばならない人を抱えて、どんなことに困っているのか？
・高齢ご夫婦が老々介護状態になったら、こんなことが心配になる
・介護の仕事をやりたいが、こんな事で、できないで困っている
・こんなことを、ボランティア活動してもらえないかしら
・誰々さんが介護の仕事を65歳から始めた、その感想は？

などなど、介護に関する話題や実態をいろいろな角度から取り上げ、記事にして、住民に知らせてあげて頂きたいのです。

一般紙では、その力量不足もあるのでしょう、こうした話題は、地域の問題なので取り上げてもらいにくく、また一般新聞の購読もインターネットの普及で減少していますし、地域の問題なのでターゲットにするには適当ではないのでは、と思われるからです。

7. リタイヤした議員・先生・警察官・他も例外ではありません

例えばです、リタイヤした議員の先生で介護の勉強をしている人は、日本中で何人いらっしゃるでしょうか？

〝皆さんと同じ割合でしか介護保険料を支払っておりませんよね。そして皆さんと同じように介護が必要になったら、介護を受けるのですよね。どうして介護の資格を取得しないのですか？　介護を受けるだけでよいのでしょうか？〟

そう問われたら何と答えますか？

〝俺は、私は、議員・先生・警察官をしていたのですよ、介護の仕事なんかできますか〟、と答えますか？　そんなことを答えたら、いざ介護を受けるようになり、「在宅介護を希望」なら、困りますよ、と言われますよ。

では、なんと答えますか？

介護については皆さん平等に介護の勉強をすべきではないでしょうか？

「2538」問題は大きな問題ですから、議員・先生・消防署職員・警察官などの公務員も当然例外ではありません。みんなが公平に介護の勉強をしないと、ヘルパーさんが来てくれるのは、週数時間、それ以外はあなたが妻の介護をするのですよ。

もともと職業に貴賤はない筈、身をもってそれを教えるのが上の人ではないでしょうか？　リタイヤしたら過去の経歴なんて一切捨てて、見本を見せていただけないでしょうか？

第5章

老後を明るく楽しくしよう

——もっと豊かなアートフル介護へ！——

「介護2538」へのもう一つの課題は、《老後を楽しくしませんか？》です。

世の中終活ブーム、でもその前にある介護を受ける永い期間が楽しくなかったら、老後が暗くつらく寂しかったら、〝終活〟が活きませんから、絶対に楽しいものにしましょう。

楽しい展開にするにはどうしたらよいか、難しいテーマです。でも知恵を絞りましょう。

多くの介護スタッフは、心の中ではもっと良い介護をしたいと思っているはずです。〝今やっている介護は、自分が当初望んでいた介護ではない。今やっているこんな介護では、自分自身が嫌になる。このままでは介護の仕事を辞めたいと思ってしまう〟、と心の中で悩んでいるのではないでしょうか？

施設の経営者や管理者も、〝そうだと思います、そんな基本的なことは分かっているが、介護スタッフ不足でそんな悠長なことをしている余裕はない。理想的なことを言わないでください。介護の現状を知ってください〟と、きっとおっしゃることでしょう。それなら現実のままでよいのですか？

給料他待遇面での改善は当然必要でしょうが、多少はできても基本的には難しいのではないでしょうか？　３Ｋ職場の中で、給料・待遇、それだけで、人手不足の解消ができますでしょうか？　できないから、現在のような結果になっているのではないでしょうか？

人間は、〝お金は安くても働きがいのある仕事であれば〟と、仕事に対する誇りや働き甲斐を大事にする人もいらっしゃいます。入居者さんに満足してもらえる介護をしたい、お世話している介護状態にある人に喜んでもらえる介護をしたいと、その思いを大事にしている人もいらっしゃいます。

施設として、介護スタッフのこうしたニーズを満足させられるか、それができるようにするには、どのように支援したら良いのか、これに真剣に取り組むか否かが、施設そのものの存続にも、決定的に影響する時代になるのではないでしょうか。

問題は、どうやって支援するか、です。

その第一歩は、介護スタッフの現場知見・経験を学ぶ場を絶えず設け、要介護者の声なき声をくみ取り、課題を発見する、そしてそれにいかに取り組むかの手助けをし、共にどう具現化するか、ではないでしょうか？

自分で企画し、それを具現することで、自分の担当する要介護者の方に喜んで頂けたときの達成感は何物にも代えがたいものです。

単に介護のお世話をしているのではない、その人の人生の最期がどう過ごせるかの良きお手伝いができる介護スタッフとなる、そう描いている人も多いはずです。

その方々が目的に近づけるように、支えることが大事なのです。

介護にアート性を加える。介護をアートの観点から考えて見る。介護スタッフに介護はこうありたいとの気持ちを込めた介護にする。それは、介護される方に喜んで頂ける介護にすることが高騰する介護保険料に見合った介護です。難しい課題です、でもそれを解決しないと成り立たないのではないでしょうか？

一般の商売や会社の経営者・管理職・社員の人たちも、自分の商売を、自分の会社を、自分の部署を成り立たせるために、あらゆる知恵を絞って、あらゆる努力をして、苦労をしていらっしゃいます。

そこで提案です。

要介護者が施設に入所するときに、へ・その方が一番大切にしていること　・その方が一番好きなこと　・その方の趣味は？・その方の一番楽しかった時代はいつだったでしょうか？・どんな思い出をよく話されていますか？・好きな写真はどれですか？〉などなどをつぶさに知ることではないでしょうか？　それなしにアート介護のストーリーの組み立てはできません。

在宅で介護を受けるようになっても、趣味の仲間が来てくれ、趣味の話に浸れたら、会話も弾んでたのしくなれるのでは？　良き時代の頃の友達が来てくれたら、良き思い出に浸れることでしょう。今はわざわざ来なくても、動画で、スマホで友達が来てくれます。すぐにです、枕元までです。

そんなワールドに招待して差し上げませんか？

1. 在宅介護は貧乏徳利の如し！

在宅介護は24時間のフルタイム、まさに四六時中、介護です。家庭事情や要介護者の状況によっては、別の次元で考える必要があると思います。この介護の大変さを信楽焼のたぬきがぶらさげている貧乏徳利に例えてみました。

貧乏徳利はびんぼうどっくりと読みます。（ある辞書ではとっくりと書いてありました）貧乏徳利の意味は、デジタル『大辞泉』によると、《長めの口をつけた円筒形の陶器の徳利。酒屋で一升以下の酒を売るときに用いた。備前産より粗製である備後徳利からの称ともいう》と書いてありました。

時代劇で酔っ払いながら肩から下げて歩いている姿を見たことがありませんか？江戸後期から昭和の初期に流通していたもので、その酒屋の屋号を入れて小売り用に使用して、酒やしょうゆ・酢などを入れておいたものです。

こうしたことから転じて、なんでも入る、なんでも入れられることから、度量の広さを表現する言葉に使われたことがあります。

介護をする人は、広く受け入れる受容と共感の精神が必要ですので、まさに貧乏徳利の精神ともいえるのではないでしょうか？

毎日毎日介護をしていると、とてもきれいごとでは済まない、精神的に耐えられない状態になってしまう、まさに危機一髪・崖っぷちの状態にある人もかなりいらっしゃると思います。

特に、認知症で情動失禁や徘徊などの行為があると、もう在宅で介護することは困難、と何度思われることでしょう。そうかと言って施設やグループホームにお願いすることは、空きがなくてはいれない、金銭的な余裕がないのでできない、となると、さてさてどうしようと更に混乱してしまいます。

貧乏徳利はいろいろなものが入れられますが、一升しか入らないのです。介護でも自分一人でできる限度があります。徳利も一升以上入れようと、圧力をかけて無理して入れると、割れてしまうように、介護も自分一人でできる限度を超えると、とんでもない事態になってしまいますから、くれぐれも注意が必要ですよね。

空念仏ではないですが、貧乏徳利、貧乏徳利を頭に入れて、貧乏徳利を下げ、千鳥足で急がずにのんびり歩く姿を思い浮かべ、みんなの力を借りながら、少し精神的にゆとりを持ってゆっくり進みませんか？

それが介護のゆとりです。明るく楽しい介護の原点だと思います。

2. 介護を受けている人の声なき声とその解決法

介護を受ける身になると、落胆や遠慮もありますので、言いたいことも言えなくなる人が多くいらっしゃいます。みんなに助けてもらわないと生きて行けないので、どうしても遠慮がちになってしまうのでしょう。

本当はこうしてほしい、と家庭内では言えても、外に出ると言えない、だんだん言えなくなってしまいます。左記のようなケースをよく耳にします。それではいけません。明るく楽しい介護は生まれません。これを解決して差し上げましょう。

(1) デイサービスに行かない　行ってもやることがないから！

女性の方で耳の遠い方は、みんなと話ができないとしてデイサービスへ行きたがらない、そんな方が多くいらっしゃいます。

男性の方では、〝女性の方がほとんどなので行ってもつまらない、行ってもやることがない、だから行きたくない〃と言われる方が結構いらっしゃいます。

こうしたケース、男女共に、結局、デイサービスへ行かない、と頑として言われる。困るのは奥様、四六時中夫の面倒を見ることになる。男性は、多くの人が無口になり、一人ぼっちになっている。でも何もやりたくないわけではない。やることが見当たらない状態に陥っているだけです。

どうすれば行きたくなるだろうか？

例えば、囲碁が趣味の人、囲碁相手を見つけることは難しい、いたとしても実力が合わない、時間が合わない、介護スタッフも、はじめは少しお相手しても、その余裕がない、などで長続きしないケースが多いのではないでしょうか？　でもどうでしょうか？

誰か、囲碁が趣味でボランティア活動されていらっしゃる方が、パソコンのソフトでその人の実力にあった囲碁を、ゲームソフトで用意したならば、そしてパソコンゲームの使い方を教えてあげたならば、夢中になって楽しむことができ、あそこに行けば囲碁ができると、行く楽しみができるのではないでしょうか。

同様に、将棋・麻雀・旅行など、今はあらゆるソフトができているので、工夫次第ではないでしょうか？　そうしたソフトを指導してくれるボランティアさんも多いと思います。ボランティアさんというよりアドバイザーですかね。ネットで応募すれば、ボランティア活動としてやってくれる人がいらっしゃるはずです。

⑵　子供の頃の友達に会いたい　遊んだ場所に行きたい

認知症になられた方でも楽しかった昔のことはよく覚えています。遊んだ友達の名前、歌った歌の歌詞、本当によく覚えています。それだけ子供の頃の印象が強烈なのでしょう。

子供の頃の友達や遊んだ場所の写真、いま見ると大変懐かしいですよね。でも子供の頃の写真を見たくても、アルバムを何冊も枕元に置いておくわけにゆかず、また寝ながらでは重くて開くのも大変、疲れてしまいます。しかし、動けなくなっても、寝ながら画面で見られたらどうですか。

アルバムを見たくても見ることができなくなって、アルバムはしまわれたままになってしまいます。子供たちや孫は、よほどのことがない限りアルバムに興味を持ちません。ですからアルバムを持ってきてほしいと家族に頼んでも、思うように探し出してくれません。

その解決法は、そんな懐かしい写真をアルバムからピックアップして、アイパッドで撮れば、簡単に見ることができます。アルバムを見ているよりももっと大きく見ることができますし、めくるのも簡単、それにアルバムよりはるかに軽いですから、眠れない夜中でも電気をつけずに見ることができます。まるで夢の中で昔のお友達に会っているような感じになると思います。そしてその場所に行ったような雰囲気にもさせてくれることでしょう。

昔の友達と話がしたいなぁ〜と、楽しさが膨らんでゆくことでしょう。昔遊んだ場所が、今どうなっているのかをネットで調べ、見ることもできます。

こうすることは、少し前までは難しく費用もかなり、かさみましたが、今の時代ならさして難しくなくできますよね。アイパッドでアルバムからお母さんの気に入っている写真を撮ればよいだけですから、何枚でも取れますから、そして使い方を教えればそれで済みますから、ぜひやってみて頂きたいと思います。

インターネットの時代、費用も安くなっています。古くなったアイパッドでいいのです。接続しなければ、無料です。アルバムの気に入った写真を撮るだけです。そのままきれいに取れます、きっと喜んでいただけると思います。

⑶　施設に入ったら、子や孫たちと話ができないから嫌だ！

高齢化が進むにつれて、独居生活が多くなって来ています。夫婦で暮らすことができるうちは、子供や孫たちも、〝大変ながら、まあ何とかやってくれているだろう〟と心配しながらも思っています。

どちらかがお亡くなりになると、独居生活はこれ以上無理、そうかと言って、なかなか行ってあげられない。

夜中に、具合が悪くなったら、転倒したら、起き上がれないのでは、ちゃんと食べているだろうか、薬は飲めているだろうか、水分補給が出来なくて熱中症になっていないだろうか、火の始末は大丈夫だろうか、などなど、心配で心配で、考えると夜もろくに眠れない。

〝だからお願い、施設に入って。そうすれば何かあっても、看護師さんたちが面倒見てくれるから、施設でのんびりしてほしい〟、と言われる。

在宅なら、遊びに来てくれるので、孫の顔が見ることができる。近所のお友達もたまには顔を出してくれる。施設に入ったら、多分来てくれる回数はすごく少なくなってしまうのでは？ きっと孫の顔が見ることができなくなる、話が出来なくなってしまう。だから家にいたい、どうしよう。けれどそれでも、施設に入らざるを得ない状況になってしまう。

施設に入ったとたんに元気がなくなって、気力もなえ、何もやる気が起こらなくなってしまう。何でもやってくれるので、筋力が低下し身体能力も落ちてしまう。しばらくすると、まるで別人のよう顔や姿勢になって、自分の部屋のベッドに寝込むことが多くなってしまう。

こんなケースになることは珍しいことではありません。自分はもう用無しの人間になってしまった、何の楽しみもなくなってしまった、と悲観的になり、気力がなくなってしまう。

さらに考え込んで、自分はもういらない人間になってしまったのだから、生きていてもしょうがない、早くお迎えが来てほしい、と言い始める。子供たちの思いとは大きなギャップができてしまう。

このギャップを埋めてあげたい、そして明るく楽しい余生を送って頂きたいのです。

ご本人が一番望むことを解決して差し上げることです。

それには、先ず施設が閉鎖的ないイメージであっては、まるで遠い世界に連れてこられた感覚になってしまって、寂しいのです。入所施設が近場で気軽に行ける場所ならまだ良いのですが、なかなかそうはゆきません。

毎日のように携帯やスマホのラインで子供や孫に、連絡しあえることができたら、動画のやり取りができたら、そんな時間が日に10分でも持てたら、それが楽しみで生きがいが持てるのではないでしょうか。そんなトライをしてみませんか？　そんな難しいことではありません。

⑷　デイサービスに行くお金がないだろうから？

認定調査で在宅を回っていると、少ない年金で暮らしている人は、娘は孫の学費で大変だ、息子にこれ以上お金をかけさせたくない、などの思いから、お金のかかることは一切しないで家で過ごしている人がいらっしゃいます。

せっかく高い介護保険料を支払っていながら、介護を受ける状態にあるのに、介護保険を利用しない、いやできないでいる。利用するお金がないからです。では、なんのための介護保険でしょう。

言葉では、〝一人がいい〟と言っている。本当だろうかと思ってしまう。仙人ではあるまいし、毎日毎日四六時中、家の中に独りでいるのは永くつらいはず、きっと頭が変になりそう、このまま一人でいると認知症になってしまうのでは、と本人も心配しているが、口に出せないのでは？

例えどんなに強がりを言っていても、多くの人の本音は、やっぱり話し相手が欲しい、人と話がしたい、と思っていることでしょう。まして満足に歩けず庭にも出ることができない、目が不自由でテレビも見ることができない、部屋は掃除の行き届かず散らかっている、飲みかけのペットボトルが数本ある、そんな不衛生な環境の中で、一日中ジーっとしている。

これがつらくない筈がない。こんな生活の人を何とか救ってあげたい。お風呂にも入れてあげたい、明るい衛生的な環境の中ですごさせてあげたい、尿臭のする衣服を交換してあげたい、健康的な食事を食べてもらいたい、……。

これが、もし生活保護の人の介護であったら、こうした状態にしておくことへの非難は相当なものとなることでしょう。

こうしたケース、これは本人の意志だから、としてこのままでよいのでしょうか？

これが、介護保険が目指す介護でしょうか？　何か違うでしょう。

少ない年金から介護保険料を天引きしている場合、こうした環境にあるか否かは保険主である役所が、推測をつけて、こうした人の面倒は見る、こうした人たちを救ってこそ、介護保険のあるべき姿ではないでしょうか？

こうした人たちを、介護保険の一環の中で、ボランティア活動として、お世話をする方法を作りませんか？

決して、難しいことではありません。実態を知ることができるケアマネ・認定調査員・ヘルパーなどが把握し、社会福祉協議会などの組織を活用してボランティアさんの支援に結び付け、できないことをお手伝いする、身の回りを小ぎれいにする、話し相手になって差し上げるなど、すでにやっていることでしょうが、もっと掘り下げたいですね。まだまだ知らないで悩んでいらっしゃる方が多いと感じています。

(5) ベッドから参加したい!

ベッドからの参加? 何だろうと思われることでしょう。

身体機能などで重度になってくると、みんなの集まる施設の広場に行けなくなります。自分の部屋で寝たきりの状態になってしまうからです。在宅であっても町内の集まりにも参加できなくなってしまいます。

みんなと歌が歌いたい、みんなの顔が見たい、みんなとおしゃべりがしたい、でも独りで部屋のベッドで24時間寝ているだけになってしまいます。

不満も言えない、つらいが耐えるしかない、そして益々重度になってゆきます。毎日毎日、〝ああ早くお迎えが来ないかな~、お父さんお迎えに来て〟、と手を合わせて祈るようになってしまっていることでしょう。

もし、ベッドからみんなの様子が見ることができたら、ベッドからみんなと一緒に好きな歌を歌えたら、歌うことができなくてもハミングすることができたら、おしゃべりに参加出来たら、どんなにかうれしいのではないでしょうか?

重度になってくると、身体面で負担がかかっては、との配慮でしょうが、なんだか放っておかれているような心境になるのではないでしょうか。

重度な人にも、一日のメリハリやレクレイションの喜びがあってしかるべきだと思います。まして情報機器の発達した今日、ベッドからの参加は、無理なことではありません。そうしてさし上げることは、決して難しいことではない筈です。今の情報機器を使えば、さしてお金をかけずしてできることでしょう。

本当につらいのは重度になってからでしょう。

そうした辛さからすこしでも解放されるよう、最期の最期まで楽しい時間になるようにして差し上げることが、介護のあるべき姿ではないでしょうか？

こんな介護が受けられて本当に幸せ、といっていただける介護を提供したいです、できるはずです。

3.「介活」作りの時代へ

老後の話になると、どうしても重苦しい、暗い話になってしまう。そして、これ以上考えてもしょうがないとなってしまいがちです。

まして介護の話をすると、テレビを見ても、新聞を読んでも、やれ虐待だ、施設への入居待ちが何百人だ、だまされてお金を取られた、などの話が多いので、益々暗くなってしまいます。10年もの間、介護生活を続けるのですから、それではつまらないし、悲しいです。

老後は人生のエンディングライフですから、明るく楽しい介護生活、〝終活〟ならぬ〝介活〟〝介快〟にしなければなりません。

介護保険制度は、２０００年にスタートしてから20年、10年ひと昔と言いますから、ふた昔前にこの制度ができたことになります。２０２５年を迎える前に、今が変換へのビックチャンスと考えましょう。

高い高い介護保険料に見合った、楽しく明るい介護の提供が必要なのです。

例えて言えば、一杯５００円でラーメンを売っていましたが、客が少ないので、一杯８００円にしないとやってゆけません。給料を思うように支払えないので、料理人が辞めてしまいました。新米の料理人なので、味が落ちました、ご了承ください、と言っているようなものです。

８００円が必要なら、８００円に見合った美味しいラーメンでなければなりません。そうでないと益々じり貧になって倒産してしまいます、ですよね。

なんとしてもみんなで知恵を絞って、料金に見合ったものにしなければならないのです。ほかに道はないと思います。

そして、介護の現場で働いていらっしゃる方もやりがいのある、働きがいのある、誇りの持てる、みんながなりたがる介護つくり、介護職作りを実現せねばなりません。

新幹線の車内清掃、昔に比べたら大きく変わりましたね。昔は列車の中を前掛けかけて、大きな竹箒引っ張って、腰を曲げて掃除していた時代があったのを覚えていますか？　まるで顔を隠すように下を向いて。

今は、はつらつと仕事しています。お客様に快適な旅を提供する、短い時間できちんと掃除できるのは我々だ、と誇りを持って。

フランスの高速鉄道の人たちが新幹線見学に来た時に、フランスにないのはこの人たちだ、連れて帰りたい、と言った話を聞いたことがあります。

知恵を絞れば、変革できるのです。人生を頑張ってきた人たちに、明るく楽しい介護生活を提供できるのは、我々だ、と誇りを持って、生き生きと働いてもらう介護職を絶対に作り上げるのです。そしてみんなで明るく楽しい介護とはなにかが、遂行されるまで考え続けねばならないのです。

2025年までの5年間に、介護生活を楽しく、生きがいのある「介活」に、みんなでチェンジしましょう。

(1)　自分の「介活」の準備はいつから?

明るく楽しい老後や介護生活「介活」を望むなら、今から、元気なうちから自分で作っておかないと、結局は困るのは自分自身になってしまいます。攻撃は最大の防御です。

今からとはいつから?　介護を受ける前ならいつでもと思いますが、できれば、少なくとも金銭面でも自由の利くうち、それに、頭が回わるうちです。

なぜかって？　金銭面で自由が利かない、頭がまわらなくなってからでは、いろいろ手を打とうと考えても、もう自分の思い通りにゆかないからです。

例えば自分の部屋をこんな感じにしようと思っても、家族にはその必要性が理解してもらえないのです。

まだ早い、もう少し後になってからでもいいのでは？　は禁句です。

人間、自分が健康で介護を受けていないと、いつまでもその状態が続くと思ってしまう。介護を受けるようになってから、しまった、あそこでこうしておけばよかったと後悔する、ですから禁句なのです。

調理が好きならば、安全で過熱の心配もなく、火事も出さないキッチンの電化をやって置き、十分慣れて置くことです。

趣味の品々は整理してわかりやすくしておくことです。それに自分の部屋にエアコン、風呂の脱衣所の暖房化などをしておくことです。

電化の費用、確かにかかるかもしれません。でも電化により活動的になり、介護を受ける時期が延びたら、早く施設に入るより、遥かに安いと思います。

施設に入れば、特別養護老人ホームでも月々10万円以上、グループホームでは15万円以上、有料老人の施設では20万円以上かかるからです。

(2) 介護スタッフは快適な介護生活請負人へ!

介護の仕事のなかに、楽しく明るくなるようなアート性を加えたいのです。介護される人をどうサポートするかを、そのアート性を加え、デッサンするのです。そしてそのデッサンは介護職が主体になって描くのです。もちろん他職の人たちと連携を取りながら、アドバイス頂きながらのことですが、描くのは介護職が行うのです。そうして描いたデッサンを、介護を受ける方やご家族とご相談をしながら、作り上げ、絵にするのです。

明るく楽しい介護生活のデッサンをご提供し実施する職業になってゆくのが、これからの介護職の在り方としたいのです。特別養護老人施設や在宅などで、介護職がこうしたアート性を加えた介護を提供し、行うのです。エンディングライフコーディネーター兼アクターです。快適な介護生活請負人です。ケアマネジャーとは違った、明るく楽しい暮らしの視点で、みんなの知恵をお借りして作り上げ、実施するのです。

もちろん、現在もそうしているよ、とのご意見もおありでしょう。そんなこと基本でしょ、といわれるかもしれません。でもそうした考えをもっともっと前面に出したいのです。

(3)「介活」に必要なのはアート、その原点は？

百歳過ぎてもお元気に活躍された医師日野原重明さんは、58歳の時に「よど号ハイジャック事件」に遭遇されて、その後の人生観を大きく変えたそうです。今後自分はどう生きたらよいのかを考える機会になり、今までは、人のために働くといっても、それはしょせん自分の地位・名声・学会活動などであった。

事件後のこれからは与えられた人生、私のできることをして恩返しするとして、還暦以降の第二の人生を末期の終末医療に尽力されました。

81歳で**ホスピス専門病院**を設立し、延命治療を続けるのではなく、薬で痛みを取り除き、心穏やかに過ごせるように支えられました。その日野原先生が、ＮＨＫの「耳をすませる」という番組で次のようなことを言われていました。

若い頃、アメリカの医学者ウイリアム・オスラー氏の〝**医は科学に基づくアート**〟の思想に衝撃を受けた。言葉も態度も思いもすべて科学ではなくアート、そういう術を持つ医師や看護師になることが必要であるとの思想である。病気に苦しむ人を見て、患者とのコミュニケーションを大切にする。患者の言葉に耳を傾けることが必要である。

脈を診る、心臓の音を聞く以外に**心のタッチ**が必要です。例えば、この人にどの程度の病気の説明をすべきか？　どういうタイミングでがんの告知を、どういう言葉で相手に伝達するか？　**ポジティーブに支える告知の仕方こそがアートである**。

診断はサイエンス、**告知はアート**、患者さんのバックグラウンドから心理状態つかめるように教養を身につけることが必要と言われている。

このアートという言葉、ポジティーブに支える告知の仕方こそがアートであるという言葉を介護職に当てはめてみたのです。

それは医師や看護師よりも、介護を受ける方に接する機会の多い介護職、ポジティーブに支える介護の仕方こそがアートである、これが最も当てはまる言葉と思うからです。

例えば、余命僅か、寒風にあたったら、肺炎にすぐにかかってしまいそうな人が、〝ああ、梅の花が咲いているのをひと目見たい〟と言われたら、どのように答えますか？〝外に連れて行ってあげたいけど風を引くからね、外は寒いから我慢してね、今度暖かい日にね〟と答える、あるいは、梅の枝を切ってきて見せて、〝これで我慢してね〟と答えることになる。

介護を受けている人も、〝ありがとうございます〟ときっと答えることでしょう。でも心の中はどうでしょう？　ちょっとでいいから外に連れて行ってほしかった、と思うのではないでしょうか？

この状況に対して一工夫できるか否かが、アートではないでしょうか？

介護を受けるようになった病気、その病気の進行状態や日々の体調の変化、家庭の経済状況、心の状態や性格、経歴などいろいろなことを考えながら、その人がその人らしく、自分の持てる力を発揮して、日々楽しく過ごしていただけるようにお世話をしていますが、できればもう一工夫できたらいいですね。

(4) 理想？　シンプルに考えては？

アートな介護、それは、自分の祖父母が、自分の親が、自分が、将来介護を受けるときに受けたい介護の姿の追求でしょう。祖父母に、自分の両親に、こうもしてやりたかった、あれもしてやりたかった、と思ったことではないでしょうか？

それを具体化しませんか。たくさんあるはずです。

祖父母が好きだったこと、父母が好きだったこと、みんなに聞いてみるのです。出てくるはずです。その道具もどこからか出てくるはずです。特に子供のころのやっていたこと、遊んでいたこと、若いときに好きだったこと、例えば、蓄音機でＬＰレコードを聴いてみたい、廣澤寅蔵の清水の次郎長を聞いてみたい、小学校時代の友達に会ってみたい、もう一度あれが食べてみたい、数え上げたらきりがないかもしれません。

そうした小さなこと、一つ一つ具現化するのです。きっと楽しいことがたくさんできあがることと思います。それがアートな介護でしょう。

(5)　アートな介護は地域住民が適している

その地域にはその地域としての文化があり、考え方があり、言葉があります。それを一番わかっているのは、理解できるのは、地域の人です。

アートの介護を最も活かせるのは地域の人の介護です。

介護を受ける人が一番話したい事、話をして理解してくれる人、話を盛り上げて発展させてくれる人は、地域の人だからできるのです。その人の成り立ちもわかっている、その人は何ができて何が好きかもわかっている。

地域の高齢の人だからこそ、その人の情報を聞くことができるからです。介護を受ける人も安心できるのです。単なる介護ではなく、心のこもった心の通った介護ができるのです。

同じような年代であったらなおさら、ツーカーで話ができるでしょう。介護に基本的に年齢は関係ないのです。

このように考えますと、アートの介護に適しているのはお元気な高齢者の方ではないでしょうか。前期高齢者・後期高齢者の方であっても、お元気であったら、あるいはお元気でなくても、お話が出来たら、介護の一部をやって頂けるはずです。介護ボランティア活動の一つとして、〝お話し聴き取り隊〟(?)をすでにやっている市区町村も多いと思います。相手になって頂ける、見守りをしていただける、万一転倒してしまったら連絡していただける、などです。

その高齢者の方のやりがいにもつながります。もし〈介護の初任者研修の資格〉を取得して頂ければ、なお活躍の範囲が広いと思います。

是非、元気な方には明るく楽しくご活躍いただきましょう。もちろん高齢者の方にはできないこともあるでしょうが、できることも多いのです。

男性の方でも、当然活躍の場所はあります。営繕・役所に出す書類の作成・コミュニケーションなどがあります。昔の苦労話も共有していますから、話に花を咲かすことができます。頼みにくいことも遠慮なく頼めます。

こうしたことから、楽しい明るいアートな介護には地域住民が適しています。強くそう思います。

(6)　素直な気持ちでアート作りを！

《貫》という字は、母という字と貝という字でできている。

母に対して、本当に母は強いな、と感じられている人は多いのではないでしょうか？特に子供への愛情の強さは本能的かどうかわかりませんが、凄いですよね。

田舎に帰ると、お母さんが痛い体を引きずりながら、台所に立って自分たちの好きな手料理を作ってくれている。〝おふくろ、体が悪いのだから、作らなくてもよかったのに〟と言いながら、心でありがたいと感謝する。これに類した、いやこれ以上の経験を皆さん、されていらっしゃることでしょう。

父親に対しても、父は何も言わなかったが、一生懸命働いてくれた、あの時は大変だったろうと思い返します。それなのに青春期には言いたいことをたくさん言ってしまったと、今になって後悔されていられる方もこれまた多いことでしょう。

ことに、今の90台80台の年齢の人たちは戦中戦後の貧困の中、まさに食うや食わずの状態で我々を育ててくれました。

我々も、悔いが残らない介護がしたい、楽しい思い出を持ってあの世に行ってほしい、育ててくれたことへの感謝、それがたとえ自分の母親でなくても、母の気持ちは同じなので、同様に感謝の気持ちで楽しい介護を行って、差し上げたいですね。

少なくとも、本人とその病状や介護方法を知らないと、適切な介護とは言えません。自分の趣味の話が出来たら、昔話が出来たら、自分の好みをわかってくれたら、そんなことが、ロボットでできる、そんな介護の時代は未だまだ先になりそうです。

自分ではどうにもできない人生最期の生活が、心が休まる生活であることを望んでいらっしゃるでしょうから、そんな心を理解できる介護であったら喜ばれることでしょう。

心温まる、今までよりワンランクアップのアートフル介護をプレゼントしましょう。

(7)　楽しい老後は自分でも作る、マイナス思考はダメ！

介護の仕事をしていると、つくづく考えさせられることは、楽しい老後は自分で作られなくては、と実感します。いや絶対にそうすべきと強く確信します。その時点、その時点で、幸せ、たのしさを自分で見つけ出す。

死なない人間はいない、年を取ればできないことが多くなる。自分でできていた時に比べたら、人にやってもらうのは不十分で当たり前、気に入らないのはあたり前、などなど、これら当然のことが、我が身のことになると不満の種になる。マイナス思考である。やってくれるだけで幸せ、ではないでしょうか？

第1巻の『62歳からの介護職』の中に、コアラのような入居者さんとして次のように載せています。

明治生まれで当時１００歳間近の女性の入居者Aさん、目が丸くていつも穏やかなコアラのような感じのお顔で、ほとんどお話をされません。静かに車椅子に座っておられる。

私が、「お話をされるのはあまり好きではないのですか？」と声掛けをしますと、「そうじゃないの、私は青森県で育ったので、今でも青森弁が出て話がわからないと思って話をしないの。それに白内障なのでよく見えないので」と言われました。

そうですか、私は青森弁に慣れていますよ、とお話すると、Aさんは息子さんが63歳でなくなられた話や、ねぶた祭りの話、戦争前に食べることに困りあっちこっちへ行った話等、たくさん話されました。

そして更に私が、「いつもニコニコされていますね」とお聞きしますと、「昔は、働いても働いても満足に食べられなかったの、今は働かなくても食べられる、こんないいことはないからね」と話されました。

なるほどなあ、頑張って頑張って、ギリギリで生きてきたからこそ言える言葉。大変な思いをして生きてこられたからこそ、穏やかなコアラのような表情で毎日が過ごせるのかもしれません。家に帰りたいとおっしゃる女性入居者さんが多い中で、穏やかに過ごされているのです。

決して何も分からなくなっているからではなく、いろいろなことに配慮し感謝の気持ちを持ちながら静かにされていたのでしょう。自分も将来こうした心境に成れればいいなと頭が下がりました。

どうしたら健康で長生きできるか、どうしたら介護を受けるようになっても楽しく過ごせるかを、今から、真剣に考え自分で作らねばならないのではないでしょうか。楽しい老後の在り方はみなそれぞれ異なりますから。

介護を受ける永い期間、楽しく過ごせて、ありがとう、ありがとうという感謝の気持ちであの世にいかれるか、それとも不満だらけで悲観的につらく過ごすのか、です。期間が長いだけに、そしてそのあとに来るのが普通の生活ではなくあの世だけに、幸福感が大きく違ってしまうのではないでしょうか。

明るく楽しく考えたい。秋になって木の葉が一枚一枚と散ってゆく、その姿を見て寂しいと感じるか、風情として楽しむか、暗くなるか、楽しみと感じるかも考え方ですよね。

介護を受けるようになり、思うように動けなくなると、途端にガクンと来てしまい、暇で暇でしょうがないと退屈な期間となり、〝ああもうだめだ、人の世話になるくらいなら死にたい、迷惑をかけたくない、ああ早くお迎えが来ないかな〟と言われる人が結構いらっしゃいます。

介護を受けるようになったら、長年頑張ってきたご褒美として、楽しくゆったりとして過ごしてもらいたいと家族は思いますが、本人は何もできない厄介者と考え、気力を失ってしまう。自分勝手に思い込み、家族の気持ちを素直に受け入れられない。人生の最期に、そのように考えてあの世に行かせるのは誠に残念です。


繰り返しになりますが、介護を受けるようになったら、開き直って、地球上に何十億人いても、死なない人間は一人もいない。生を受けたら必ず死ぬ。介護を受ける期間は一生懸命生きてきたのだから、最後のご褒美、コアラのような入居者さんのようにゆっくりしましょう。いつお迎えが来るかは誰にも分らないのですから、それまで精いっぱい明るく生きましょう。

その時点での楽しさ・幸せを考え、見つけ出せたらいいですね。そのほうが楽しいですから。その訓練をいまからしておきませんか？

⑻　瀬戸内寂聴さんのお話

瀬戸内寂聴さんが平成30年２月22日のＮＨＫの〝あさイチ〟の番組で、元気なお姿で次のようなことを言われていました。

92歳の時に腰椎圧迫骨折で苦しみました。精密検査をしたら胆のう癌にも侵されていました。痛くて、痛くてしょうがない、ストレスの限界になり、うつになりがちの精神不安定状態でした。

そこで自分が一番楽しくなることをやろうと考え、だれも上手いと言ってくれないが楽しかったので、自分で読んだ俳句を集めて自費出版する準備をしました。それがよかった。10ヵ月入院し、胆癌の手術もしたので、こうして元気に復帰できました、と言われていました。

あの瀬戸内さんでも、92歳でそのようにお考えになった。何かうれしくなりました。楽しいことは、その人その人にとって、その時点その時点で、その置かれた環境で当然異なりますから、他人からではわかりません。

ある人にとっては、ビー玉を握って眺めているときが、いろいろなことが思い出されて楽しいのかもしれません。

いくつになっても心穏やかにして、楽しく、ひと休み、ひと休みの心境を持ちたいですね。それはまるで、やっとたどり着いた峠の茶屋で、美しい景色を見ながらお茶を飲んで楽しく一服するのか、美味しいお団子を食べて一服するのか、人それぞれ違うのでしょうが、とにかくひと休みを楽しく過ごしましょう。介護を受けるようになったら、それも一つの峠の茶屋かもしれません。

そうした楽しくなることを元気なうちから用意しておく。瀬戸内さんも俳句を書き溜めておいたことがお役に立ったのでしょう。

人間どこが悪くなるかはなかなか予測がし難い。もちろん特定の病気があればある程度考えられるでしょうが、そうでない場合はわからないのではないでしょうか。目が見えなくなるのか、耳が聞こえなくなるのか、口がきけなくなるのか、体が動かなくなるのか、頭がおかしくなるのか。だから、しょうがないではなく、楽しみをたくさん作っておくことではないでしょうか。それがいくつになっても、楽しく生きてゆくもとになるのでは……。

⑼　趣味仲間同士での介護協力ができたら

正岡子規は晩年カリエスのために、本当に痛くつらい思いをしたようですが、仲間が来てくれ、短歌を作っているときは痛みを忘れたそうです。

趣味の仲間、例えば俳句の会・テニス・卓球・盆栽などいろいろなサークルなどで一緒に活動したり、旅行に行ったりのお友達、そんな人たちが介護に来てくれ、介護の傍ら趣味のお話ができたら、如何でしょう。

リロケーションダメージという言葉があります。引っ越しをすると今までの人間関係がなくなり、一人ぼっちになってしまう。つながりがなくなり、引きこもりになったり不眠症になったりするダメージでしょう。人と人のつながりがなくなると人間が変わってしまうこともあるでしょう。

それに引き換え、趣味で気の合った友達が来てくれたら、楽しさは倍増することでしょう。

趣味の仲間や仲の良い友達と一緒に介護の資格を取得し、個人的な関係の介護ではなく、介護保険でのオフィシャルな関係で介護しあうのです。信頼関係があって、楽しくて、個人的負担をかけない介護です。

もちろん一対一ですと、負担が大きくなってしまいますから、10人単位くらいで介護資格を取得してヘルパー事業所に登録し、ネット網を作り、連絡を取り合うのです。これは現状ではいくつかの問題がありますが、このシステムつくりは不可能ではないと思っています。

⑽　布団の中での体操

暇でしょうがないときは、布団の中で体操をしましょう。

年をとると、病気をしたり、転倒して骨折したりして寝こむことが多くなります。寝こむと途端に筋力低下で足腰が弱まり、見る見る動けなくなる。自分でもびっくりするほど動けない。

自分は動けると思ってもすぐに転倒してしまう。それがわかって早く体操をしようとしても、家族から、危ないからとさせてもらえない。その結果車椅子生活になってしまうのです。

布団の中でできる体操を元気な今のうちからしておくのです。慣れておくのです。布団の中なら家族にも注意されません。足首の動かす体操、脚の筋力である大腿四頭筋や大腿二頭筋の体操、腹筋や腰のまわりの筋力アップの体操、手の体操など、朝起きたら布団の中で30分くらい、のろのろと体操するのです。

そして体が温かくなったら、起き上がるのです。元気な今のうちから習慣づけておけば、寝込んでも早期に出来るようになります。暇もつぶせます。健康寿命延長にも良いと思います。好きな音楽をかけながら、眼ざめ時の30分、楽しくやりましょう。

布団の中の体操、私はもう15年やっています。特に寒い朝、布団の中の体操は最高です。起きてからの体操なんて、寒くて、それに血圧にもよくありません。

⑾　オシャカな私は?

私は2019年の今年で75歳、男性の平均では介護を受けている年なので、いつ介護を受ける状態になってもおかしくない年齢である。

4月8日生まれ、お釈迦様の誕生日である。お釈迦様から様を取ったら、オシャカ、いわゆる出来損ないの意味になってしまう。

子供の頃から、のろまで何をやってもヘマをする、親から新しいものを買ってもらうと、無くしてしまう、すぐに取られてしまう。当然おふくろに叱られる。

そんなときに親父は、〃盗む性格に生まれなくてよかったな。盗まれたことはそのうち忘れるが、盗むと一生後悔するから〃と言ってくれた。まったく俺はダメな人間だと思いつつも、親父の言葉がうれしかった。

変に正義感が強く、融通が利かない人間だ。きっと施設にはいったら、介護スタッフから、〃この本を書いたのはあなたですよね、皆さんにお手本を示してください〃と冷やかされることだろう。

この本を書きあげたら、次は〃弓道と畑と仕事〃のタイトルで書きたいと思っている。一番に弓道を持ってきた。まるで弓道が恋人であるかのように好きである。凝っている。スクワット運動になっている。弓道好きは遺伝かもしれない。学生時代にも凝っていたが、会社に入ってから止めていた。親父が亡くなったのが64歳。自分がその年になった時に、親父の道具を使って親父の代わりに再開した。そして11年、今でも凝っているからだ。

次に畑仕事である。車で5分ほどのところに３００坪の畑を借りている。一貫して無農薬野菜を作って15年。畑はまるでお医者さん、近くのNクリニックと弓友達のK歯科の先生のお陰でもあるが、会社生活でボロボロになった私の体を健康にしてくれている。これも楽しくてしょうがない。数時間がすぐに経ってしまう。

認定調査や介護講座などの仕事は、三番目に持ってきた。もう75歳だから、三番目で許してほしい。もちろん嫌だと言うわけではない。楽しくやりがいがあるけれども仕事だから緊張するから、三番目は当然かもと思っている。

だが受講生の皆さんから〝勉強して本当によかった〟〝もっと早く受けたかった〟〝来年もやって下さいね〟〝友人を受講させたい〟と言われると、ついついうれしくその気になってしまいます。

次も書くと妻に知れたらきっと、〝こんな下手な文章、だれも読んでくれないからもうやめたら〟と言われることだろう。

でもオシャカはオシャカなりに、楽しく明るく生きると決めている。家計には迷惑をかけないように自分のお小遣いの範囲であれば、神様は許してくれるであろうと勝手に思っている。

健康に注意しながら、好きなことやってゆく。さてさていつまで続けられるか？神のみぞ知ることですね。できれば、あと10年は健康であればと思っている。

[著者プロフィール]

金子　進（かねこ・すすむ）

1943年　東京生まれ
成蹊中高校卒業・早稲田大学第一商学部卒業
NPO法人介護資格取得推進会理事長
日本経営開発協議会講演講師
東京都介護講師
日本体育協会公認スポーツ指導員
趣味：弓道・無農薬野菜作り

「介護力日本一」への町づくり

5年間の実証から介護「2538」への提案

2020年1月20日　第1版第1刷発行

著　者　金子　進

発行者　小川　剛
発行元　杉並けやき出版
〒166-0012 東京都杉並区和田3-10-3
TEL　03-3384-9648
振替　東京 00100-9-79150
http;//www.s-keyaki.com

発売元　星雲社（共同出版社・流通責任出版社）
〒112-0005 東京都文京区水道 1-3-30
TEL　03-3868-3275

印刷／製本　（有）ユニプロフォート

© Susumu Kaneko 2020　Printed in Tokyo Japan

ISBN978-4-434-27017-8 C0036

『62歳からの介護職』

定年後から介護の仕事を始められる方へ

人生観が変わります、健康寿命を考えます

『介護、みんなで宝探し』

“介活” 明るく楽しい介護生活作りへのご参考に！